中华传统文化
丛书

Chinese Traditional Culture
Concise Reading

中国古代制度文化

ANCIENT CHINESE
INSTITUTIONAL
CULTURE

彭安玉

著

南京大学出版社

图书在版编目（CIP）数据

中国古代制度文化 / 彭安玉著.—南京：南京大
学出版社，2020.11
　（中华传统文化丛书）
　ISBN 978－7－305－23888－8

Ⅰ.①中… Ⅱ.①彭… Ⅲ.①司法制度－法制史－研
究－中国－古代 Ⅳ.①D929.2

中国版本图书馆 CIP 数据核字(2020)第 208228 号

出版发行　南京大学出版社
社　　　址　南京市汉口路 22 号　　　　邮　编 210093
出 版 人　金鑫荣

丛 书 名　中华传统文化丛书
书　　　名　中国古代制度文化
著　　　者　彭安玉
责任编辑　胡　豪

照　　　排　南京紫藤制版印务中心
印　　　刷　南京京新印刷有限公司
开　　　本　880×1230　1/32　印张 5.5　字数 128 千
版　　　次　2020 年 11 月第 1 版　2020 年 11 月第 1 次印刷
ISBN　978－7－305－23888－8
定　　　价　32.00 元

网　　　址：http://www.njupco.com
官方微博：http://weibo.com/njupco
官方微信：njupress
销售咨询热线：(025)83594756

目　录

导　言

　　"文化"是一个非常宽泛的概念。一般而言,它可以分成物质文化、精神文化和制度文化三个部分。制度文化是定型的文化表现形态,它使文化具有外观的凝聚性、结构的稳定性和时间的连续性。正如马林诺夫斯基所说:"文化的真正单位是制度。"(《文化论》)显然,通过对制度文化的深入研究,人们往往能够抓住文化中最为本质的东西。中国是世界上公认的文明古国,作为辉煌的中国古代文化重要组成部分的制度文化,自从夏朝产生以来,历代沿革损益,有着清晰与紧密的内在联系,十分引人注目。

　　中国历代对制度文化的记载极为重视。从《周礼》到"二十四史";从"三通"(唐人杜佑的《通典》、宋人郑樵的《通志》、宋元间人马端临的《文献通考》)到"续三通"(清朝乾隆时官修的《续通典》《续通志》《续文献通考》),再到"清三通"(官修的《清通典》《清通志》《清文献通考》);从《唐会要》到《清会典》;从《艺文类聚》到《永乐大典》《古今图书集成》《册府元龟》,都对历朝历代的典章制度有丰富的记载。

　　中国古代的制度文化是我们打开历史之门的一把钥匙,同时还可以为今天的制度建设提供宝贵的借鉴。当然,中国传统的制度文化中不乏糟粕,有些即使在今天也没有完全消逝,如政治文化中的官僚主义、权力过分集中的政治体制、独裁专横的家长制、形形色色的特权制,等等。基辛格在《重建的世界》中说:"历史就是国家的记忆。"的确,历史对于一个国家,就如同记忆对于个人一样重要。一个丧失了记忆的人,无疑是个白痴;而一个忘记了自己历史的民族,无疑是一个愚昧的民族。我们希望从传统的制度文化的检讨中获得历史的睿智。

中国古代制度文化的内容十分丰富，大至政治、经济、军事、文化、教育、外交，小至婚姻、礼仪、饮食、衣服、宗庙，可谓无所不在。我们有重点地选择了中国古代制度文化中内容最重要、影响最深远的十二个方面予以考察，其中又将侧重点放在政治上。

中国古代的制度文化是中国古代社会生产力的产物。然而，当生产力发展以后，建立在原有生产力水平基础之上的制度文化也必然发生相应的变化。

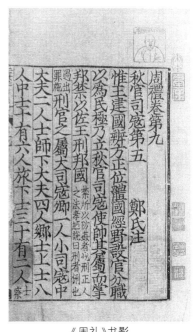

《周礼》书影

时至今日，传统的典章制度还完整保留者已极为鲜见。当然，传统制度文化中至今还活着的、用着的东西未必都是好的；反之，一些在今天已经消失的东西也未必都是不足称道的。本着"古为今用"的原则，凡对今天有用者，我们都要批判地继承；反之，则要无情地抛弃。这是我们对待中国古代制度文化的正确态度。毫无疑问，在全社会大力传承中华优秀传统文化，高度重视制度创新之今日，中国古代制度文化的精华必将在新时代重放异彩。

第一章　皇帝制度

中国的皇帝制度始创于公元前221年,终止于1911年,历时2132年。此间,名正言顺的皇帝超过350位。这些"奉天承运"的真命天子,以所谓天赋的权威,高居权力金字塔的顶峰,以所谓道德的化身,君临天下。在中国古代,皇帝制度是传统政治、社会和道德文化各方面统合的焦点。辛亥革命后,帝制瓦解,传统社会亦失去重心,并日益向近代转型。

一、皇帝制度的创立

中国古代的皇帝制度始创于秦朝。在此之前,国君一般称"王"。皇帝制度是我国封建社会中央集权制的君主专制制度的核心,是一套内容广泛、目标明确,旨在突出皇帝个人的权威地位,保证皇权行使的完整规范。

(一)皇帝的名号制度

秦王嬴政统一中国后,认为自己德高三皇、功过五帝,商周以来的"王"的称号已不能显示他的至尊至贵,于是下令大臣"议帝号"。大臣们认为:"古有天皇,有地皇,有泰皇,泰皇最贵。臣等昧死上尊

秦始皇像

3

号,王为'泰皇'。命为'制',令为'诏',天子自称曰'朕'。"王曰:"去'泰'著'皇',采上古'帝'位号,号曰'皇帝'。……朕为始皇帝,后世以计数,二世、三世至于万世,传之无穷。"(《史记·秦始皇本纪》)从此,"皇帝"就代替"王"而成为我国封建社会历代王朝最高统治者的专称。

汉代因袭秦代之名号,逐步形成了有关皇帝政务活动的法定称号:皇帝自称"朕""孤家""寡人";"命"称"制";"令"称"诏";"印"称"玺";臣民称皇帝为"陛下";史官记事称皇帝为"上";皇帝驾临称"幸";所在称"行在所";所居称"禁中""省中";车马、器械、百物称"乘舆";皇帝死称"崩";文书中逢"皇帝""始皇帝""制曰可"等字要另行抬头,顶格书写;在语言文字中涉及皇帝名字要避讳,如秦朝因秦始皇名嬴政,因此改"正月"为"端月",以避秦始皇之名。

皇帝亲属的称号也是法定的:皇父称"太上皇";母称"皇太后";祖母称"太皇太后";妻称"皇后";妾称"夫人""嫔妃";子称"皇太子""皇子";女称"公主";姑称"大长公主";姐称"长公主";孙称"皇孙"。这些名号或秦立汉承,或汉始定制,终封建专制之世,历代相沿未变。

皇帝的名号还包括谥号、庙号、尊号、陵寝号和年号等。谥号是人死后根据其生平事迹评定后给予的称号,有褒贬之意。谥号由礼官议定,群臣上奏,报请新皇帝裁决。谥号基本上反映皇帝一生的功过,如柔质慈民曰"惠",慈惠爱民曰"文",克定祸乱曰"武",主义行德曰"元",这些都是美谥;杀戮无辜曰"厉",去礼远众曰"炀",好祭鬼怪曰"灵",这些都是恶谥。此外,还有表示同情的"哀""愍""怀"等。庙号始于西汉,止于清朝,是封建皇帝死后,在太庙立室奉祀的名号。一般开国皇帝称"祖",后继者称"宗",如宋朝赵匡胤称太祖,其后的赵光义称太宗。当然,也有个别朝代前几个皇帝都称"祖",如明朝朱元璋称太祖,其子朱棣称成祖。尊号是为皇帝加的全由尊崇褒美之词组成的特殊称号,或生前所上,或死后追加。早在秦统一中国之初,李斯等人就为秦王政上尊号曰"泰皇"。陵寝是皇帝死后安葬的地方,其名号往往根据皇帝生前的功过和世系而命名。如开国君主之陵称为"长陵",此后诸君则要按生前事迹和世系命名,诸如茂、义、康等陵。也有以地名命名者,如汉文帝刘恒的霸陵、三国孙权的蒋陵等。建陵之后,往往迁徙人民前往居住,陵旁立邑,久之,陵寝所在地变为县治,陵寝号则变为县名,其原有之意反而为人所淡忘。年号是封建皇帝的名号,首创于西汉武帝,他的第一个年号为"建元"。此后每个朝代的每一个新君即位,都必须改变年号,此谓"改元"。此外,每遇军国大事或重大祥瑞灾异,常常改元,如汉武帝在位 54 年,先后使用了建元、元光、元朔、元狩等 11 个年号。

（二）皇权的行使制度

中国古代皇权虽大,但必须通过一定的方式来行使。皇帝行使权力的方式是:在朝则听朝理政,批阅奏章;外出则监临百官,体察民情。

听朝理政有朝议制度和朝会制度两种。朝议又有集议与廷议之分。所谓"集议",即有些事皇帝不在朝会时提出,而"下其议"于百官,讨论时皇帝也不在场,集议结果由参加集议的最高长官领衔奏报皇帝,由皇帝裁决。所谓"廷议",即按规定,皇帝在一个月内有几次在殿堂听政,百官有事当朝议论,意见不一时,由皇帝裁决。因为议事的殿堂称为"廷",故名"廷议"。朝议可以集思广益,有助于审慎决策;同时,皇帝也可以从中了解文武百官的胆识才华,有助于任用贤能。因此,朝议制度得以长期延续。

朝会制度是关于皇帝临朝听政与朝会日期的制度。皇帝临朝时,入朝的大臣可以当面向皇帝反映情况,也可以通过事先写好的文书向皇帝反映情况。前者称之为面奏,后者称之为书奏。面奏是有一定等级的官员当面向皇帝反映情况;书奏是通过文书向皇帝反映情况,由皇帝审议批示,再交有关部门执行。在汉代,奏事的文种有章、奏、表、书、议、疏、状、启、封事等,不同的文种有不同的使用范围和作用,不得混淆。皇帝通过口头或文书下达制令,其形式有谕、旨、策、制、诏、戒等,不同的形式用于不同的政务,其中谕和旨是皇帝口头下达的命令,"汉制,天子之书一曰策书,二曰制书,三曰诏书,四曰戒策"(《唐六典》卷九《中书令》注)。

皇帝外出巡幸旨在全面了解社会政治、经济、文化乃至民情舆论情况,甚至直接受理民间投诉。如隋文帝就曾途中亲自接待过拦驾告御状的平民百姓。身为一国之君,在外巡行的时间毕竟不可能太多,为加强对地方的控制,皇帝有时使用自己的亲信作为耳目,以"使者"的名义巡行各地,以及时掌握地方吏治状况。

(三)皇位的继承制度

皇位继承制度是君主专制制度的命根子。这是因为,"太子者,天下之本,本一摇,天下振动。"(《汉书·叔孙通传》)在秦朝,预立太子的制度尚未确立,所以后来有赵高伪造遗书,赐死长子扶苏,诈立次子胡亥之事。西汉建立后,为造就一代英明之主以稳固封建统治,正式确立了皇位继承制度。确立太子的原则是:"立嫡以长不以贤,立子以贵不以长",即一般以皇帝正宫所生长子为皇太子。正因为有此原则,汉高祖刘邦想立戚夫人生的赵王为皇太子,就遭到群臣和吕后的反对,最后只得由吕后生的汉惠帝即位。

随着预立太子制度的确立,对太子的教育制度也随之确立。皇太子有专门的"保傅",有自己的官属,太子宫称"东宫"。保傅指三公三少。三公即太师、太傅、太保,三少即少师、少傅、少保。师者,道之教训;傅者,傅之德义;保者,保其身体。三公三少都以学品端正者担任,他们与太子共起居,同出入,教以父子君臣之理,并负保护辅翼之责。保傅之外,太子还须进入国学接受教育。在国学中,可习得六艺、诗书等基本智能,也可经由诸学明了君臣父子之礼,养成谦逊孝顺之德。

汉代还创立了侍讲之制。西汉昭帝八岁即位，因为年幼，遂选韦贤、蔡仪、夏侯胜等名儒入授于御前；后宣帝诏诸儒讲五经于石渠阁，为侍讲之开端。东汉朝臣入授太子，遂有侍讲之名。教育内容主要是儒家经学，其中蕴含着丰富的治国安邦的经验和教训，诸如"为政以德""义以为上""为政先礼""民为邦本""任贤使能""刑以弼教"等等。在对太子进行文化熏陶和灌输治国理念的同时，还给太子一定的从政实践的机会，让其在执政实践的锻炼中

马皇后教导太子朱标（明版画）

增长历练，熟悉政情，积累经验，并使东宫成为太子的得力助手。一旦太子登基，东宫班子可以很快转化为新皇帝的重要亲信。太子预立后，若才德不济，亦可废立。

　　为确保皇太子顺利继承帝位，杜绝母后擅权，汉武帝刘彻在立幼子刘弗陵为太子前，竟将其生母赐死。此外，屠戮功臣或择重臣以"托孤"亦为重要选择。太子即位后，如因年幼不能亲政，皇太后可以摄政，具有强烈的"家天下"色彩。

　　（四）后宫制度

　　后宫组织庞杂，官爵分明，很像一个小朝廷。如皇帝之妾皆称夫人，夫人位同上卿，爵比关内侯。在后宫官属中，皇后詹事主后宫事务，是后宫大总管，其下设中长秋等官，统属诸宦官。皇太后也有玺印。

伴随着后宫制度的建立,宦官制度也相应产生。宦官是阉割的男人,在皇宫内侍奉帝王及其家属。宦官服务皇帝左右,容易得到皇帝的宠信。在宫廷政治斗争中,宦官往往利用自己的特殊身份,乘隙干政,篡权夺柄,不时演出"宦官之祸"。中国古代宦官干政,赵高首开其端。在秦末"沙丘政变"中,赵高杀害李斯,诈传遗诏,指鹿为马,与胡亥狼狈为奸,直闹得天昏地暗。宦官"手握王爵,口含天宪"(《后汉书·宦者列传序》),是一股特殊的政治势力。一遇昏庸之主,他们便乘机而起,窃取大权,从而成为一股恶浊的势力。

[清]冷枚绘《避暑山庄图》

（五）宫殿陵寝制度

崇宫殿以威四海，是统治者追求的目标。秦朝的阿房宫，汉朝的长乐宫、未央宫，无不气势宏伟。

秦汉皇宫分成前后两个部分。前一部分叫"前廷"，又称"朝廷"，是百官朝拜君主和议政之地。后一部分叫做"后宫"，又称"禁中""后廷""大内"等。后宫设有一套为皇帝和后妃生活服务的机构和人员。

宫殿是围绕着皇帝而建立的，不管是暂住、巡狩、征战或避难，只要是皇帝所在之处，宫殿便随之而建。它是维护皇权至高无上，使皇权物化的一种制度安排。

陕西西安秦始皇陵远眺

陵寝是皇帝以大量人力、物力修建的规模巨大的陵墓以及周围用来供奉、祭祀朝拜的建筑。历史记载，秦始皇在生前即着手在郦山北麓（今陕西西安市临潼区内）修建陵墓。这座空前巨大的陵墓高50丈，墓身内城周围5里，外城周长12里，保留至今的堆土还有40米高。陵内建有各式宫殿，"宫观、百官、奇器、珍怪徙藏之。令匠作机弩矢，

陕西西安西北汉武帝陵墓——茂陵

有所穿近者辄射之。以水银为百川江河大海,机相灌输,上具天文,下具地理。以人鱼膏为烛,度不灭者久之。"(《史记·秦始皇本纪》)1974年,考古工作者曾在秦始皇陵东侧发现庞大的兵马俑坑,出土1400多个与真人大小相若的兵马俑、400匹拖有战车的陶马。据推测,如果陶俑全部挖出来,仅一号坑就有6000个以上。其余金、银、铜、石的饰物和兵器更是不计其数。而这一切,只不过是秦始皇陵的冰山一角!

(六)礼仪服御制度

为显示帝王的尊严和威仪,君臣之间有一定礼仪。刘邦在称帝之初,对繁文缛节颇不耐烦,将之简化,结果群臣在廷上"饮酒争功,醉或妄呼,拔剑击柱"(《史记·叔孙通传》)。叔孙通乃杂采古礼和秦仪,为汉朝建立了一套体现帝王威严的礼仪制度。据《汉书·叔孙通传》记载,高祖七年(公元前200年)十月,长乐宫建成,诸侯群臣朝贺。功

［明］武宗皇帝出巡图

臣、列侯、诸将军、军吏依次列于殿西,面朝东方;文官丞相以下列于殿东,面朝西方。大行设九宾,廷中陈列车骑、戍卒、卫宫,设兵,张旗帜。礼官司仪,御史执法,不如仪者辄引去。于是皇帝乘辇临殿,百官执戟传警,引诸侯王以下至吏六百石以次奉贺。自诸王以下莫不震恐肃敬。满朝置酒,竟无欢哗失礼者。刘邦深有感慨地说:“吾乃今日知为皇帝之贵也。”刘邦还令叔孙通制定了朝议专律、宗庙仪法,颁布施行。至汉武帝制定《越宫律》《朝律》,汉代朝仪制度已逐渐完备。

　　皇帝外出也有一套礼仪。秦朝皇帝外出的礼仪不得而知,然秦始皇出巡的威风程度却令安陆小吏为之震慑,令胆大如项羽者引发了取而代之的狂想,刘邦见之,也不禁喟然而叹:“大丈夫当如此也!”(《史记·高祖本纪》)汉代皇帝外出,警戒清道,“鸾旗在前,属车在后”,威风凛凛,浩浩荡荡,不可一世。

［清］康熙南巡图

为物化和神化皇权,秦汉时期逐渐形成了有关皇帝衣食住行、礼节仪式等方面所使用的设施和物品的一系列规范及服御制度。服御的内涵十分广泛,规定极为繁细,举凡冠、婚、丧、祭、衣、食、住、行等生活事务,朝拜、大典、施政、发诏等政治活动,吉、凶、嘉、宾、军等礼仪活动,宗庙、社稷、陵寝等建造标准,诏书、章奏、玺印、符节等规定限制,无不涉及到服御。

二、皇帝制度的完备

秦汉创立的皇帝制度,经过魏晋南北朝数百年的发展,至唐代进一步发展,至明清时期则近乎完备。

(一)皇帝的名号

在隋朝以前,只有文治武功或德行卓著者才有庙号。唐朝以后,每个皇帝都有了庙号。所谓庙号就是皇帝去世后在庙中被供奉时所起的名号。庙号起源于商朝,周不用,西汉再次传承,但非有大功德者不配享有庙号,只有于国家有大功,值得子孙永世祭祀的先王才会追以庙号。唐朝以后,庙号实际上起到了评价皇帝的作用。庙号常用"祖"或"宗"。开国皇帝一般称为"太祖"或"高祖",如唐高宗、宋太祖;后面的皇帝一般称为"宗",如唐太宗、宋太宗。

尊号虽渊源于秦朝,但一般认为产生于唐朝。尊号初行之时,字数尚少,如唐高祖李渊的尊号是"神光大圣大光孝皇帝"。但是,越至后来,字数越多,发展至清朝,更有多至二十多字者,如乾隆的尊号竟有二十余字之多,叫做:"法天隆运、至诚先觉、体元立极、敷文奋武、钦明孝慈、神圣纯皇帝"。

年号演变至明清两朝,每一个皇帝不论在位长短,只用一个年号,如明太祖只用"洪武",明成祖只用"永乐",清高宗只用"乾隆"。

在我国古代文献中,对前代帝王一般不直呼其姓名,而称庙号、谥号或年号。一般而言,对隋以前的皇帝多称谥号,如汉文帝、汉武帝、宋武帝、隋文帝等。唐朝至元朝的皇帝多称庙号,如唐太宗、宋高宗、元英宗等。明清时期的皇帝多称年号,如洪武帝、万历帝、崇祯帝、康熙帝、道光帝等。

(二)皇权的行使

唐代皇帝的命令在汉代的基础上进一步细分为七种形式:(1)册书,用于立皇后、建太子、封诸王以及少数民族首领等非常隆重的场合。一般用竹简书写,保存了周朝册命制度的旧习。(2)制书,用于重要的赏罚刑政、重大的官爵授予、改革旧政等。(3)慰劳书,用于褒奖贤能,慰劳勤勉。(4)发敕,又称手诏,用于官员增减、六品以上官员的授予、地方行政区划的废置改易、判刑、财务、军事等事务。(5)敕旨,用于百官奏请批复施行,后有"敕旨依奏"之类的话。(6)敕牒,是尚书省承旨发出的公文。(7)论事敕书,用于慰谕公卿,戒约臣下。此外,皇帝尚有不经三省和宰臣的"口宣"大权,多由亲近宦官代宣。为防止大权旁落,又有辅助诏敕而行的符节制度。所谓符节就是用金、铜、玉、角、竹、木等材料制成的一种凭证,朝廷或皇帝用以传达政令、征调兵将。用时各执一半,合之以验真假,如兵符、虎符等。

[战国·秦] 虎符

给天子的奏章也有特定的名称。唐代臣下的上书分为:奏抄(用于对犯法官员的处理等)、露布(军队破敌申报兵部,进而上奏天子的公文)、奏弹(御史台纠弹百司不法之事时所使用的公文)、议(公卿大臣讨论朝廷疑难杂事,将不同意见呈录裁夺的公文)、表(臣下上书给皇帝的文书)、状(适用于上下级关系的一种公文,如论事状、谢状等)。

唐朝皇权虽然至重,然而统治者非常注重皇权的行使方式。唐代,诏令必须经过中书出旨、门下审核、皇帝画敕后颁于尚书省的程序。中唐以后,"中书门下政事堂"发展成为凌驾于三省之上的中书决策机构,诏书必须加盖"中书门下之印"才能生效,否则就不能算正式诏书,下属机关有权拒绝执行。中书门下政事堂制度减少了皇权行使的随意性,减少了皇帝决策的失误,使皇帝个人意志能够在更大程度上与其代表的阶级利益相吻合。纵观唐朝近三百年历史,凡21君,其中英明之主只有太宗、武后和玄宗(后期已经成为昏君),其余多属平庸之辈,而其社会经济却沿着上升的轨道持续发展,创造出光辉灿烂、领先于当时世界的科学文化,使封建社会达于鼎盛,这与唐朝中书门下政事堂制度下相权对皇权行使的有力制衡密切相关。

明清时期,皇权专制空前强化,权力高度集中于皇帝之手,皇权行使已远远不如唐朝科学、合理。

（三）皇位的继承

唐朝皇位继承制度突出表现为隆重的册立太子仪式、东宫官署的建立和相应的教育培养制度的完善。

在唐朝,册立太子的仪式非常庄严、隆重。事前有关部门选好日子,告于天地宗庙。册立之日,皇太子戴远游冠,穿绛纱袍,在三公、三少导从下,鸣铙而行,犹如鸾驾。皇太子、百官拜见皇帝后,中书令跪地读册,皇太子拜受册、玺绶。礼毕,皇帝入东房,在位者依次出。皇

［唐］长安城里大明宫(复原模型)

太子册立后,即诏示全国,同时颁发大赦令。

唐朝还在宫城东边建立了规模庞大的东宫官署。东宫基本上模拟中央三省六部、卿监百司而立,是一个微型"朝廷"。东宫官署主要有:三师三少,负责教育太子;詹事府,职如尚书省;左春坊,职如门下省;右春坊,职如中书省。唐朝使太子历练政事的方法不一,然多以监国称之。唐朝监国主要有四种情形。一是天子因行幸或亲征等不在京师,遂命太子监国,全权处理国政。二是天子在朝之际,即命太子监国,寓观察训练之意。三是天子尚在朝中,但因疾病不能亲自听政,遂命太子监国。在此情形下,凡大事必须请示天子裁决。四是天子驾崩,太子不及即位,称监国。此种监国实际上是一种过渡,监国太子实际已为国君,自然拥有全权。

唐朝君主教育的内容除了传统的儒家经典外,帝王自撰训诫子孙的书籍日趋重要,教学内容(即所谓"帝学")有了很大的转变。贞观十三年(648 年),唐太宗撰写《帝范》赐太子。《帝范》凡十二篇,分别是君体、建亲、求贤、审官、纳谏、去谗、诫盈、崇俭、赏罚、务农、阅武、崇文。显而易见,《帝范》旨在以古为鉴,藉历史以使嗣君明为君之道,晓历代兴衰存亡之迹。

自清朝雍正起,密建皇储制度取代了传统的嫡长子继承制。具体做法是:在位皇帝将在诸子

《帝范》书影

中选定的继位人名单预先亲自写好,珍藏于乾清宫正中高悬的"正大光明"匾额之后,另写一道同样内容的密旨随身携带,以为必要时核对之用。被选人不分嫡、庶、长、幼,一切取决于是否具有统治才能,能否胜皇帝之任。整个过程秘而不宣,由皇帝一人独断心裁,任何人不得推荐、打听。选定后若发现不妥,亦只能由皇帝本人调换。密旨在皇帝临去世前或去世后予以公布,新君立即即位。密建皇储制度是对历代嫡长子继承制的大胆否定,是竞争机制的引入,淘汰了庸劣之辈,使相对优秀者能脱颖而出。如乾隆、嘉庆、道光、咸丰四帝,较之明代正德、嘉靖、万历诸帝,还是略胜一筹的。

［清］乾清宫太和殿

（四）后宫的建制

唐朝建立起一套以皇后为首的、模仿中央朝廷的宫中组织,成为皇帝控制下的一个内职机构。

皇后作为国母,地位突出,统辖后宫。皇后之下设夫人系统和内侍者系统。

夫人系统：在皇后以下设夫人4名，九嫔、婕妤、美人、才人各9名，宝林、御女、采女各27名。他们分工负责，各司其职。皇后之下还设有六尚局（尚宫、尚仪、尚服、尚食、尚寝、尚功），每局之下又各设四司，共24司。六局二十四司模拟朝廷的六部二十四司，具体分管宫中有关杂务。此外，还设立了类似御史台的监察机构——宫正司，专掌纠察之事。

[清]"兴国太后"孝庄文太后

[清]仁寿皇太后朝服像

内侍者系统：设有内侍（均由宦官担任）、内给事、内谒者监等官职。内侍者下设六局，分管宫中医治丧葬、后妃车乘等事务。

后宫制度产生了外戚与宦官两股势力。外戚是通过婚姻与皇室结成的外姓亲属，他们因后、妃裙带关系而举族显贵。宦官虽然地位低贱，但往往凭借自己亲近皇帝和后妃的特殊身份，乘隙干政。外戚、宦官这两股势力对唐朝政局产生过极大的影响，如唐玄宗专宠杨贵妃,其兄杨国忠做了宰相,专权作乱于中央,安禄山又反叛于地方,使唐朝社会经济惨遭破坏。

明初朱元璋鉴于唐宋以来宦官干政之害,下令:"内臣不得干预政事,预者斩。"(《明史·宦官传序》)然至成祖以后,宦官权力越来越大,逐渐拥有了"批红"、监军、司法以及"兼理民事"诸权,典型者如曹吉祥、汪直、李广、刘瑾、魏忠贤等,无不擅作威福,一时势倾天下。清朝安德海、李莲英等权势亦炙手可热。

三、皇帝制度的终结

皇帝雄踞权力金字塔顶峰,被神化为上天之子,民之父母,拥有至高无上的权力。皇帝制度作为中国两千多年间各项制度的核心,其影响至深且巨!明清时期,当西方社会在政治变革和工业革命的两个巨轮驱动下,只争朝夕,夜以继日地向前飞驰之时,古老的皇帝制度延缓了中国社会的发展进程,拉大了与西方国家的发展差距,其落后性、反动性愈益突出,终于在辛亥革命的洪流冲击下退出了历史舞台。

(一)皇权专制的极端发展

在中国封建社会,皇帝以一人独治天下。至明清时期,皇权专制达到登峰造极的程度。

在明代,皇帝拥有绝对的立法权。皇帝发出的所有诏、敕、诰、旨、上谕,都具有最高的法律效力。如果皇帝的指示与现行法典法令相抵触,则一律以皇帝的指示为准。皇帝的只言片语都可以成为法律,即所谓"朕即法律"。皇帝的话不允许有任何的违犯或抗拒。明朝皇帝如明太祖朱元璋、明成祖朱棣还主持制定了一些严刑峻法。皇帝掌握立法权,同时又有对法律的解释权、废止权。法律只是皇帝手上玩物,完全听从皇帝的摆弄。

明代皇帝握有立法权,并力图用立法权来强化行政权。明律规

［清］乾隆皇帝玉玺（沈阳故宫藏　玺印曾是皇权的代表物）

定，皇帝有成立或撤销机关建置，组建或调整政府部门的权力。如洪武十三年(1380年)，朱元璋废除中书省和丞相制度。从此，六部直接听命于皇帝，从而大大加强了皇帝的行政权力。明律规定，皇帝独揽用人大权。《明律集解附例》卷二规定："凡除授官员须从朝廷选用，若大臣专擅选用者斩。"又如朱元璋曾下诏："皇后只得治宫中嫔妇事，宫门之外，不得预焉"、"内臣不得干预朝政"(《明史纪事本末》卷一四)，通过诏令立下祖训，不得让外戚、宦官干预国家行政。法律规定用人大权归于皇帝一人，这使得各级官吏都成为皇帝一人的奴仆爪牙。当然，在人治的封建社会，皇帝一句话就可以改变法律，后世皇帝当然也可以否定所谓祖训。明成祖以后宦官弄权擅政就是典型例证。明律还规定皇帝拥有考课、监察、奖励、惩罚大小官吏的权力。总之，明律规定皇帝有统率从中央到地方的各级行政机关以及大小官吏的绝对权力，各部门、各级官吏必须彻底根据旨意行事。

皇帝通过立法权大大强化了手中的行政权，进而又通过行政权肆意干预司法权，并造成了司法与行政混一之局。明朝皇帝有权决定司法机构的建置、职权以及司法程序。明代中央司法机关是三法司，即刑部、大理寺和都察院。刑部负责受理地方上诉案件、审理地方重案和中央百官案件,有判处流刑以下的权力,但定罪以后,须经大理寺复核。如果大理寺认为不当,驳回重审;如果同意,则交刑部具奏行刑。此外,刑部的审判和大理寺的复核,都必须接受都察院的监督。明代皇帝凌驾于三法司之上,还有亲自审理案件和掌握最高判决的权力。

象征权力的礼器——鼎

重大案件由三法司"会审",三法司虽为中央最高司法机关,但仍然无权对大案要案作出判决,而必须呈请皇帝批准。凡死刑案件,均由皇帝批阅裁定。皇帝还握有对犯人特赦或减刑之权。在地方,行政机关与司法机关合一,知府、知县等地方行政长官直接掌握司法审判事务。省级设有专门的司法机关——提刑按察使司,受中央刑部节制。地方无权核决徒刑以上重案,最高司法权掌握在皇帝手中。明朝皇帝还特令"厂""卫"等特务组织兼管刑狱,侦察所谓"不轨妖言",并有权不经司法机关和任何法律手续逮捕拷讯官民人等。血腥恐怖的特务司法权源于生杀任性的君主司法权。明代还有所谓廷杖制度。大臣上朝奏事,一旦违忤旨意,触怒龙颜,便一声令下,棍棒相加,很多重臣被当场活活打死。对贪官污吏的惩处更严。朱元璋亲自规定:"凡守令贪酷者,许民赴京陈诉。赃至六十两以上者,枭首示众,仍剥皮实革。府州县卫之左,特立一庙,以祀土地,为剥皮之场,名曰皮场庙。官府公座旁,各悬一剥皮实革之袋,使之触目惊心。"(《二十二史札记》卷三三)明初《三诰》锋芒所向,主要是各级官吏。《明史·刑法二》说:"凡三诰所列凌迟、枭首、种诛者,无虑千百,弃市以下万数。"除剥皮之外,朱元璋还想出了挑筋、断指、削膝盖、断手等酷刑。君主干预司法,虽然早在秦代即已是法定之事,但在中国封建社会,将君主司法权发展到明朝这样完备,运用到如明朝这样残忍,恐怕是没有的。用廷杖震慑大臣,用兴大狱来诛灭功臣,用文字狱来禁锢思想,可以说是明朝君主司法权的三部曲。

鲜衣太监牵马图

明宦官势力在成祖以后恶性发展。宦官有自己庞大的组织机构——厂、卫特务系统，甚至可以替皇帝批答奏章，被称为"站帝"（皇帝是"坐帝"）。宦官的作用有两个方面：一方面可以限制朝臣权力，加强皇权专制；另一方面又会败坏朝纲，甚至挟制和废立君主，进而危害皇权。宦官和特务的黑暗统治，是皇权专制极端发展的产物。

清代，皇帝"乾纲独断"，对军国大政拥有绝对权力。清代皇权专制的特点是对思想领域的严密控制。在康熙、雍正、乾隆三朝见于记载的文字狱有八十余起。凡诗文中稍有不满清朝统治，不敬皇帝的思想，都要对作者处以重刑，家族、朋友皆受株连，有时一案株连数千人，甚至人死了也要戮尸焚骨！

（二）周期性的社会大动荡

在中国封建社会，皇帝拥有主宰全国的最高权力。不受制约的皇权在运行过程中，不可避免地发生倾斜和脱轨。当其违反社会经济规律，严重破坏生产力发展时，除非发生剧烈的农民起义风暴，用强力中止这种恶性发展势头，否则全国上下没有一点办法来阻止这种错误，没有任何一种力量能对此加以控制。这种情况的极端发展，势必将整个国家和民族推向灾难的危险深渊。中国古代社会周期性地被这种绝对权力的滥用和失控推向绝境，最典型的莫过于秦末的暴政及其秦王朝的覆灭。

中国历史上，封建王朝周期性更迭是一个十分引人注目的事实，这些王朝反复不已的直接原因是农民起义的冲击，而根本原因则在于吏治的腐败，而吏治腐败的根源却在于皇帝制度下的专制主义政治体制。在中国封建社会，掌握最高权力的皇帝"灵机一动"，就可能化作全社会的统一行动。他的一句话、一个想法，就可能决定整个国家、全体人民能够干什么，不能干什么，甚至可以决定国家的命运。在这种充满巨大偶然性的体制下，当握有无限权力的君主是一个富于理性的人时,他可以运用手中权力,凝聚千百万人的智慧,调动千军万马,去做泽及千古的好事;反之,如果君主平庸、荒淫甚至是一个暴君,灾难就无情地降临了。不幸的是,皇帝们大都生于后宫之中,长于妇人之手,从小娇生惯养,多为庸劣之辈。无数历史事实证明,在高度集权的专制主义政治体制之下,皇帝个人的素质直接决定着吏治的清浊和国家的治乱。明君治国,吏清政廉,天下升平;昏君即位,吏浊政腐,社会动乱。甚至同一个皇帝,其前后表现不同,也能直接导致迥异的吏治效应。被称为"半昏半明"的唐玄宗,前期励精图治,整肃吏治,任用人才,开创了"开元盛世",而后期则骄傲怠惰,亲昵奸臣李林甫,任用贪官杨国忠,委大权于宦者高力士,终于演出了"安史之乱"的惨剧,从此,声威显赫的唐帝国一蹶不振。

(三)"家天下"的政治文化

若从"天下为公"与"天下为家"的视角观察,一部中国史大致可以划分为三大阶段:第一阶段在夏商周三代之前,为"天下为公"的大同之世;第二阶段从三代至清末,是"家天下"的时代;第三阶段为民国以后,法理上又进入"天下为公"的时代。

三代之前的大同之世实际上就是原始共产主义社会。《礼记·礼运》:"大道之行也,天下为公,选贤与能,讲信修睦,故人不独亲其亲,不独子其子,使老有所终,壮有所用,幼有所长,鳏、寡、孤、独、废疾者皆有所养。男有分,女有

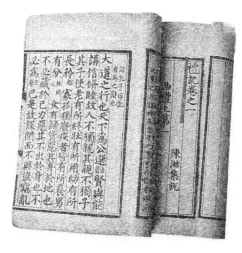

《礼记》书影

归,货恶其弃于地也不必藏于己,力恶其不出于身也不必为己。是故谋闭而不兴,盗窃乱贼而不作,故外户而不闭,是谓大同。"在原始共产主义社会,土地共有,没有私有财产,人们过着共耕、共养、共治的生活。

三代以后的"家天下"时代,也就是私有制社会。禹传子,开始了中国历史上的"家天下"时代。秦始皇欲传帝位二世、三世以至于无穷,固已视天下为一姓所有。汉高祖在尊父为太上皇的诏书里说:"父有天下,传归于子,子有天下,尊归于父,此人道之极也。"(《汉书·高帝纪》)大体而言,自秦汉以后,天下归一姓所私有,已不只是皇帝一人的理念,而是一种深入人心的想法。

民国以后理论上又进入了"天下为公"的时代。1912 年 2 月 12 日宣统帝奉隆裕皇太后懿旨下诏退位,诏书中说:"今全国人民心理多倾向共和……特率皇帝将统治权公诸全国,定为共和立宪国体,近慰海内厌乱望治之心,远协古圣天下为公之义。"至此,统治了中国两千余年的封建帝制寿终正寝。

1912 年 1 月 1 日,孙中山从上海北站出发,前往南京就任中华民国临时大总统

　　然而,清帝退位与民国建立并不意味着中国人民真的在一夜之间成了国家的主人,"天下为家"的阴影仍然笼罩着新生的民主共和国:先有袁世凯称帝,后有张勋复辟,民主化的进程步履维艰。尽管如此,辛亥革命作为一场改变国家政治体制的伟大革命,有着不可磨灭的历史功勋。它以武装斗争推翻了封建帝制,并向全国人民传播了民主思想,使"敢有帝制自为者,天下共击之"的民主观念深入人心。辛亥革命后,无论是袁世凯还是张勋,想以武力为后盾,在中国恢复帝制,都免不了失败的下场。

第二章　政府机构

中国古代帝王为了实现对全国的有效统治,建立了一套从中央到地方的政府机构。在漫长的演变过程中,中国古代政府机构呈现出两个显著的特点:一是连续性,即历代政府机构总是前后沿袭,相互继承,所谓汉承秦制、唐承隋制、清承明制,说的都是这个意思;二是可变性,即不同王朝、不同时期的政府机构又不尽相同。新王朝建立之初,每每对前朝政府机构的设置进行理性反思,斟酌损益,有所继承;同时又根据本朝情况,精心擘划,适时调整。即使在同一王朝内,也会随着形势的发展而有所变化,如西汉武帝时"内朝"与"外朝"的划分即然。

一、先秦政府机构

大约在公元前 21 世纪,启建立了我国历史上最早的国家政权——夏朝,政府机构亦随之产生。

（一）夏朝政府机构

夏朝中央政府机构主要由以下四大部分组成:

1. 顾问辅政机构。有三老、五更、四辅、四岳等官职,辅佐国王,以备顾问。

2. 宗教历法机构。"秩宗"掌管宗教祭祀;"羲和"管理天文历法。

3. 六卿政务机构。六卿指:司空,总理全国行政事务;后稷,主管农业生产;司徒,主管教化;大理,主管刑狱;共工,主管营造建筑;虞人,主管山林川泽。

4. 行政事务机构。设遒人,主下达王命,宣布政令;啬夫,主管经济;车正,主国王用车,为后世太仆前身;牧正,主畜牧业及国王用的牲畜;司工,主手工业;庖正,主国王饮食。

夏朝已经按地域划分政区,文献有"芒芒禹迹,划为九州"(《左传·襄公四年》)的记载,即分天下为冀州、兖州、青州、徐州、扬州、荆州、豫州、梁州、雍州九个区域进行管理。

（二）商朝政府机构

商朝中央政府机构由以下四大部分组成:

1. 政务机构。主要设"尹"(相当于后世的"相"),还有司徒(主管征发力役)、司空(主管工程营造)、司寇(主管司法刑狱)、小籍臣(主农事)、宾(主外交)等。

2. 宗教机构。设有卜、巫、史、作册等,统称史官。他们职掌祭祀、占卜、记事和册命。

3. 军事机构。设有马、射、卫、戍等,分别主管骑兵、弓箭手、王宫卫戍和戍边。

4. 内廷机构。设有"宰""小臣"等官职。商朝以"小"为尊,"小臣"地位实质上相当于后世的大臣。

地方政府机构:

商朝地方行政区划大致分为"内服"和"外服"两大部分。内服是直接统治的地区,以都城为中心,在其内建立了许多统治据点。都城和四周各统治据点分别修筑城墙,其内居住着商王和贵族;城墙以外的四周旷野叫做"鄙",是广大奴隶生活和生产的地方。外服是间接统治的地区,设有侯、甸、男、邦伯等官,多由商王诸妻、诸子、功臣以及臣服于商的部族首领担任,他们负有守边、服役和进贡之责。

（三）西周政府机构

西周中央政府机构有四大系统:

1. 师保辅弼系统。设有太师、太傅、太保,合称"三公"。三公是周天子的最高顾问,辅佐周王统治天下。在太子年幼而不能亲政的情况下，三公可代行王的职权。

2. 天子左右卿士系统。设有太宰、太宗、太士、太史、太祝、太仆，合称"六太"。六太在天子左右协助处理有关事务，以太宰居长，总正百官、统揽一切政务，是国王最得力的助手和政府机构的首脑。

3. 中央政务系统。设有司徒、司马、司空、司寇等，分管农业、军事、工程营建和司法刑狱等。

4. 宫廷事务系统。设有内宰、膳夫、缀衣、虎贲、趣马，等等。

西周在地方推行分封采邑制，即通过层层分封，建立起众多的诸侯"封国"与卿大夫"采邑"，形成国、邑两级制的地方行政体制。封国与采邑是地方行政区，诸侯、大夫分别是封国、采邑的最高长官。

（四）春秋战国政府机构

春秋战国时期，为适应诸侯国君集权的需要，各国相继设置了"相"这一官职。相总揽一国之政，直接向国君一人负责，居一人之下，万人之上，权力极大。在地方则出现了郡县制。郡、县不同于封地，它们由国君直接控制，是中央的派出机构。郡守县令由国君任免，不能世袭其位。县令之下，设县丞、县尉，分管民政与军事。秦汉时期的三长吏——令、丞、尉，在战国时期已经形成。县以下又有乡、里等基层行政组织，以县统乡，以乡统里。乡设三老、廷掾，分掌教化和治安。里设里正，总管里内事务。秦商鞅变法，进行什伍编制，即五家为一伍，伍设伍长；十家为一什，什设什长。总之，这一时期形成了由中央、郡、县、乡、里、什、伍组成的具有垂直系统的、比较健全的行政机构，从而大大强化了国家统治。

二、秦汉政府机构

秦汉是我国封建社会初期两个统一的王朝，其政府机构的设置，对后世影响深远。

（一）秦朝政府机构

秦朝建立起以三公九卿制和郡县制为支架的从中央到地方的金字塔式的一整套行政机构。

秦朝中央政府以三公、九卿为主体。所谓三公，指丞相、太尉和御史大夫，协助皇帝分别处理行政、军事和监察等事宜，是中央最高执政官。三公以丞相为首，下设有九卿，负责处理具体行政事务。秦朝九卿是：奉常，掌宗庙礼仪文教；郎中令，掌宫廷警卫；卫尉，掌宫门警戒；太仆，掌宫廷车马和全国马政；廷尉，掌司法；典客，掌民族事务与诸侯朝聘；宗正，掌皇族事务；治粟内史，掌财政经济；少府，掌山海池泽之税和官营手工业。

秦朝在全国范围内推行郡县制。郡置"守、尉、监"。"守"治民，"尉"典兵，"监"察吏。郡守为一郡之长，主管全郡行政事务。郡下分设若干县。万户以上的县设县令，不足万户者设县长。县令（长）之下设县丞、县尉。县丞助理县令（长），并负责司法裁判。县尉掌管全县军事守备。在边远少数民族地区，则设置"道"，相当于内地的县。

县以下有乡、里行政组织。以县统乡，乡设三老、有秩、啬夫、游徼。三老掌管教化；有秩（设于大乡）、啬夫（设于小乡）主掌赋役和民讼；游徼负责治安。乡下有里，为最基层行政单位。里设里典，后世称里正、里魁。此外，还有司治安、禁盗贼以及接待往来官吏、传递官府文书的亭，设有亭长、亭父、求盗各一人。两亭相距大约十里。刘邦在起兵前即任泗水亭长。

秦朝建立的这套从中央到地方的严密的行政组织，犹如一条垂直而严格的权力线，各级行政机构纵向分层，每一层级的行政事务逐渐集中，直至居于金字塔尖的皇帝。它具有等级森严、事权集中、指挥统一、行动一致等优点，因而极大地强化了封建国家机器，基本上为后世所继承，从而产生了深远的影响。

（二）汉朝政府机构

1. 中央政府机构

汉承秦制，中央政府体制也是三公九卿制。到汉武帝时，又出现了内朝与外朝的划分。

（1）三公九卿

三公指丞相、太尉、御史大夫，分别主管行政、军事和监察。九卿具体处理全国行政事务，奉诏行事，受丞相监督。汉代九卿是：太常（主管宗庙礼仪，兼管教育和诸陵所在地区的行政事务）、光禄勋（主管宫殿门户守卫、君主侍卫等）、卫尉（主管车驾与马政）、太仆（主管车驾与马政，安排皇帝出巡时的仪仗队）、廷尉（主管司狱）、大鸿胪（主管民族及外交事务）、宗正（主管宗室事务）、大司农（主管中央政府财政）、少府（主管皇室财政与经费）。

（2）内朝与外朝

从汉武帝起，汉朝中央政府机构出现了"内朝"与"外朝"的划分。

西汉前期，以丞相为首的三公拥有重权，以至皇帝也时常感受到威胁。为了削弱相权，汉武帝开始重用贴身文武侍从之臣，让他们出入禁中，与闻国事。从此，由侍从皇帝的宫廷机构构成的"内朝"，实际掌握了国家政务决策的权力，而以丞相为首的中央政府机构构成的"外朝"，却退到执行决策的地位。汉成帝到汉哀帝之间，丞相改称司徒，御史大夫转叫司空，太尉易名司马，三公实职一变而为三司虚位。三司坐而论道，徒有虚名，实权转归中朝之尚书。《汉书·刘辅传》注引孟康说："中朝，内朝也。大司马、左右前后将军、侍中、常侍、散骑、诸吏为中朝。丞相以下六百石为外朝也。"

尚书，本是少府属官，是皇帝的私人秘书。汉武帝提高尚书地位，使其直接处理公文，参与决策，对皇帝负责。外朝三公职权逐渐为内朝尚书台所侵夺。东汉光武帝起，尚书台"出纳王命，敷奏万机"，正式成为国家法定行政中枢,其长官称尚书令,副职称尚书仆射,组织进一步扩大为六曹。六曹在后世发展为吏、户、礼、兵、刑、工六部。

2. 地方政府机构

汉初实行郡县与封国并行的地方行政体制。

西汉时期政区分布图

(1) 郡

郡是汉代地方行政重心。汉武帝时,全国有 103 郡,1587 个县。郡守直接由中央任命,拥有治郡的统一完整的权力,职权颇重。郡府机构组织严密,主要有:相当于郡府办公室的主簿;主管民政的户曹、田曹、水曹、时曹、比曹;主管财政的仓曹、金曹、计曹、市曹;主管兵政的兵曹、尉曹、塞曹;主管司法的贼曹、贼捕、决曹、辞曹;主管交通的督邮、集曹、漕曹;主管教育卫生的学官、祭酒、孝经师、文学史、医曹等。

汉代还设有一个与郡国同级的特别行政区——西域都护府。它有较大的自治权力,可以自署官员,组建军队。西域都护府的设立,开创了中央王朝在边疆少数民族地区建立地方行政机构的先例,影响深远。

(2) 县

汉代,郡下设县。县是国家基层行政机构,具有独立的行政系统,包揽地方一切行政事务,职能独立而全面。县令(长)是一县的最高行政长官。县令(长)之下,有县丞、县尉及功曹、贼曹、户曹、田曹、仓曹、时曹、水曹、兵曹、市掾等庞大的行政机构。县之下有乡、亭、里组织。乡置三老:有秩、啬夫、游徼。亭置亭长,为治安兼驿传组织。里置里魁。乡里组织与县一起,构成了一个严密而又自我运转的独立体系,在基层发挥着作用。

三、魏晋南北朝政府机构

魏晋南北朝时期,国家行政机构的演变具有承上启下与继往开来的过渡性特征。

(一) 中央政府机构

魏晋南北朝时期,皇权衰微,相权也发生转移。概要说来,秦汉时期的三公权力,东汉时移归尚书台,魏晋又从尚书台移于中书省,南北朝又从中书省移于门下省。魏晋南北朝时期的相权转移导致了三省六部制的诞生,而中枢机关的相互制衡则是从三公九卿制演变为三省六部制的直接原因。

1. 三省制的形成

(1) 尚书省

西汉末年,"尚书台"名称开始出现。东汉以后,尚书台成为事实上的国家最高行政机构。从曹魏始,尚书台最后脱离少府,成为完全独立的中央最高行政机构。南朝宋时,已经有尚书省之称,南朝梁时正式称为尚书省。尚书令是事实上的宰相,"省"则是宰相机构。

（2）中书省

为分散尚书令的权力，曹丕称帝后设中书监、令，负责审理章奏，草拟诏旨等事务。至晋代，中书省正式成为出令机关，尚书省变成了执行机关。

（3）门下省

中书省权势的增长，使皇帝又感到了一种震主之威，因此在魏晋时便逐渐让侍中参与大政，以钳制中书省职权的行使，晋朝则发展为门下省，以侍中为长官。南北朝时期，门下省成为决策机构，侍中与尚书令、中书监并列为宰相。至此，三省制正式形成。

2. 诸卿的衰微

魏晋以后，诸卿衰微，各朝虽设九卿甚至十二卿之位，但是，实际职权渐受侵削，无法与秦汉时期"位尊权重"的卿位相提并论，惟廷尉和少府二机构职能较为稳定。然而诸卿职权虽多被削弱，但其庞大的行政机构却并无减少，并且一直沿袭下来。

（二）地方政府机构

魏晋南北朝时期，国家四分五裂，地方政区废置离合，不可胜记，地方行政机构十分紊乱，既有一般意义上的州郡县行政机构，又有特殊的军民"双轨制"和侨州郡县。

1. 州郡县三级制的地方行政机构

魏晋南北朝时期，地方机构基本上是州、郡、县三级制。州设刺史，郡设太守，县设令、长。另外，鉴于曹魏帝室孤立而亡的教训，西晋武帝又实行了封国制度，王国长官称内史，侯国首领称相。因此，在不少地方，王国、侯国混杂于州、郡、县之间。

2. 军民"双轨制"与都督制度

魏晋南北朝时期，军权高于一切。南方州郡机构一般实行"双轨制",即州刺史、郡太守既理民政,又握军权,一身而二任;既有州郡佐官,又置将军幕府,形成两套班子。专管民政的"单车"刺史很少。县令(长)也随局势的变化而拥有一定的兵权,甚至加以将军名号。

3. 侨州郡县

所谓侨州郡县,是指东晋、南朝时期政府为安抚北方流民和招徕北方世族而在其管辖地区内,用北方地名设立的州、郡、县。东晋初年,从山东兖州、青州以及徐州北部南下的农户很多聚集在京口(今江苏镇江)。于是,东晋政府首先在此侨立南徐州,后来又在长江对岸的广陵郡(今江苏扬州)内侨置南幽州、南兖州、南青州。由于北方人民是为了避难而仓促迁徙,因而不可能一州一郡之民有组织地同逃一

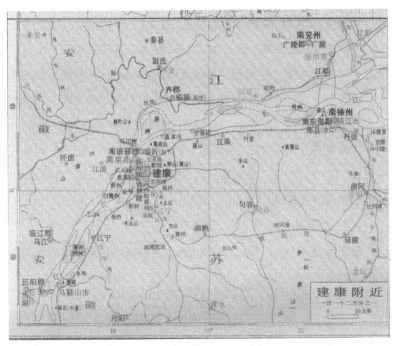

东晋、南北朝时期建康(今南京)附近政区图

地,于是便有多处侨置相同的州郡,结果地方行政机构"紊乱无纪,名实俱违"。东晋末年和南朝初年,政府先后两次推行"土断",即依土著为断,撤销侨州郡县,使侨寓人口编入所在郡县,整顿户籍。然而由于世族势力反对,历次土断成效有限。

四、隋唐五代十国政府机构

隋唐五代十国时期的政府机构呈现出了一些新特点:出现了中央最高权力机构——中书门下政事堂;确立了三省六部制的中央行政体制;形成了州县二级制的地方行政机构。

(一)隋朝政府机构

隋朝对魏晋南北朝时期混乱的政府机构进行大刀阔斧的改革。在中央,通过两次调整,形成了由三公、五省、三台、九寺、五监组成的新的中央行政组织系统。在地方,第一,废除了东汉末年以来实行了四百多年的州郡县三级制,改为州(或郡)县二级制,将州郡长官的用人大权收归中央,并规定新任的州县长官必须尽量以外籍人充当。第二,取消军民双轨制,军民分治,扭转了东汉以来外重内轻的局面,杜绝了方镇跋扈之弊。第三,改革乡里制度。以 500 家为一乡,置乡正一人;以 100 家为一里,置里长一人。乡正、里长负责地方道德教化、征收赋税和征发徭役。

(二)唐朝政府机构

唐朝形成了中央以三省六部为核心,地方以州县为支架的行政组织系统。

1. 中央政府机构

唐朝中央政府机构主要由中书门下政事堂和三省六部组成。

(1)中书门下政事堂

唐初,政事堂作为宰相们集体议政之地,设于门下省。武则天时,政事堂从门下省转到中书省,并具有最高国务会议的地位。唐玄宗时,政事堂又从中书省迁到中书、门下两省之间,称为"中书门下政事堂",专制"中书门下之印"。原来以议政为主的政事堂发展成为凌驾于三省之上的国家大政方针的中枢决策机构。

北京紫禁城乾清宫太和殿

（2）三省六部二十四司

三省六部制是唐朝中央行政体制。三省指中书省、门下省和尚书省。其中,中书省是出令机关,长官称中书令,又称右相,中心工作是草拟皇帝的诏敕文书。门下省是审议机关,长官称侍中,又称左相,中心工作是审议与封驳。尚书省是执行机关,长官称尚书令,中心工作是发布与执行政令。唐朝三省正副长官均为宰相,可以参加政事堂议决政事。

尚书省是全国行政节制机关,下设吏、户、礼、兵、刑、工六部,每部下设四司,是为六部二十四司。

六部的职能是:

吏部:主管文官铨选、任免、考课、升降、封爵、勋赏;

户部:职掌户口、田赋、仓储、婚姻等民政、财政方面的政令;

礼部:管理文化教育、外交礼仪和祭祀活动;

兵部:主管军事;

刑部:统管司法;

工部:主职百工、屯田、山泽、水利之政。

(3)九寺五监

尚书六部掌政令实施,是政务机关,具体事务则由事务机关完成,在中央则由九寺五监负责,在地方则由州县负责。

九寺是:太常寺(掌礼乐等)、光禄寺(掌祭祀等)、卫尉寺(掌兵器和仪仗)、宗正寺(掌皇族与外戚事务)、太仆寺(掌舆马)、大理寺(掌刑狱)、鸿胪寺(掌宾客及凶仪)、司农寺(掌粮仓储备等)、太府寺(掌厩牧舆辇)。

五监是:国子监(掌教育)、少府监(管理工商业)、将作监(主管土木工程营造)、军器监(主管兵器制造)、都水监(管水利)。

九寺五监之外,还有秘书省,掌图书典籍;殿中省,主管皇帝服御;司天台,掌天文历法;弘文馆,掌校正书籍;集贤书院,掌图书整理、收藏;史馆,掌修国史;崇文馆,掌经籍。

2.地方政府机构

唐朝在内地实行州(或府)、县二级制,后来演变成道、州、县三级制,在边疆少数民族地区则实行都护府制。

(1)府与州

唐朝府与州地位相等,所不同者,凡京都或陪都所在的州改称"府"。唐朝共有九府,其中最著名者是西都京兆府、东都河南府和北都太原府,合称"三都府",而又以京兆府最为重要。

州是唐朝最重要的一级地方机构。州刺史统管一州行政,其僚佐有别驾、长史、司马等。

(2)县与乡里制度

府、州之下为县。唐朝时全国共有1500多个县。县设县令一人,总管一县大小事务,号称"父母官"。

县以下为自我管理性质的乡、里、保、邻组织。在城区,四户为邻,五邻为保,五保为坊。在郊区,四户为邻,五邻为保,五保为村。在乡村,四户为邻,五邻为保,五保为里,五里为乡。邻、保分别设长,坊、村、里分别设正,乡则设耆老。由于乡村距离县城较远,县政府不便控制,因此设"乡"来协助县府进行管理。此法为宋代所沿用。

（3）道（方镇）

道在唐朝前期为一种监察区划。"安史之乱"后,道发展成为凌驾于州县之上的地方最高行政机构,又称方镇。唐朝后期为四十道。节度使统管一道军事和行政,有权自行任命属官。

（4）都护府

唐朝在边疆地区设都护府。都护府主要通过羁縻府州,统领边疆少数民族。羁縻府州是唐朝在周边少数民族地区设置的一种行政单位。小者为州,大者称都督府,以本族首领为都督刺史,职位世袭,自行处理内部事务,中央政府不向他们征收贡赋,具有较多的自治性,但

［唐］北庭都护府遗址,位于今新疆昌吉州,汉在此屯戍,元设元帅府,它是屯田制度留下的历史见证。

必须接受都督和都护的领导。唐朝都护府的制度化和完备化,是对我国边疆地区行政管理的新发展。

(三)五代十国政府机构

五代十国是介于唐、宋之间的五个小朝廷和十个割据政权。五代十国行政机构基本上沿袭唐朝,但也有一些重大变化。中央政府机构的变化主要有两个:一是枢密使(院)参加国家行政工作;二是三司成为中央政府常设机构。地方行政机构大体上沿袭唐制,所不同者,节度使都由勋臣武将担任,故方镇之祸远盛于唐末;滥设刺史、县令,且所任者皆卑鄙无耻之徒,吏治极端黑暗。

五、宋辽金元政府机构

宋辽金元时期,二府三司的中央行政体制代替了隋唐的三省六部制,地方行政机构也发生了新变化,辽、金、元先后崛起并入主中原,机构设置有其特色。

(一)宋朝政府机构

围绕强化专制主义的中央集权制,宋朝大力削弱相权和地方行政权,形成了二府三司的中央行政体制和路州县三级的地方行政体制。

1. 中央政府机构

二府三司是宋朝中央最高行政机构。二府,即政事堂和枢密院,分掌文、武大权;三司,即度支司、盐铁司和户部司,总管财政大权。

(1)政事堂

宋代政事堂是宰相集体处理政事的中央最高行政机构。政事堂最高长官为宰相,官衔是"同中书门下平章事",简称"同平章事",即共同议政之意。其下设参知政事为副相,协助宰相处理政事,同时也对宰相权力形成制衡。他们合称"宰执"。

（2）枢密院

枢密院是宋代沿用后唐旧制设置的中央最高军事行政机构，又称为枢府，负责处理军机要务。长官为枢密使，与宰相平级。下设枢密副使。凡军机要事，宰相无权过问。两者一文一武，互不通气，分别向皇帝奏事，对皇帝负责。

（3）三司

三司是中央最高财务行政机构。其中，度支司掌财政收支和漕运；盐铁司掌工商业收入和军器；户部司掌户籍、财赋和专卖。长官为三司使，地位仅次于宰相，称为"计相"。三司使之下，另设三司副使和判官多人，以对三司

北宋宰相寇准像

使权力形成制衡。三司与政事堂、枢密院三足鼎立，分别向皇帝负责。宋神宗元丰年间官制改革，把三司并入户部，由尚书省管辖。从此，三司之名逐渐消失。

在二府三司之外，宋代还设有审官院，主铨选和考课；三班院，主中下级武职官吏的铨选；台谏，主百官监督。

2. 地方政府机构

宋朝地方政府机构分路、州（府、军、监）、县三级。

（1）路

宋初分全国为十道监察区，几年后改道为路，凡十五路行政区。

宋徽宗时增至二十四路。南宋仅存十七路。各路设安抚使司(俗称"帅司",主管军事)、转运使司(俗称"漕司",主管财赋)、提点刑狱使司(俗称"宪司",主管司法)和提举常平使司(俗称"仓司",主管常平仓、义仓、市易、水利)四个机构。漕司、宪司、仓司都有监察州县官吏的责任,因此统称"监司"。监司与安抚使司合称"帅臣监司",或"帅漕宪仓"。

(2)州(府、军、监)

路下的府、州、军、监同为一级。州领数县乃至十几个县;国都、陪都以及皇帝即位前居住过或任过职的州称府;军事要冲之地称军;盐铁矿冶之区称监(也有隶属于府州的军、监,地位相当于县)。宋朝最盛时有 254 个州、38 个府、59 个军,监的数量也不少。府设知府事,州设知州事,军设知军事,监设知监事。知者,主持也。知州(府、军、监)事总管一州(府、军、监)之事。又设通判为副贰,同领一州(府、军、监)之事,对主官有监督之责,一切政令如无通判联署则属无效。通判还可以随时向皇帝报告州官的得失,号称"监州"。在州、府、军、监各行政机构的主管长官之下,设有录事、司户、司法、司理等曹参军,分管庶务、户口、赋税、狱讼、司法等事宜。还有掌巡捕治安的巡检,掌州学的教授等官职。

(3)县

宋朝最盛时全国共有县 1234 个。县分八等:赤(京师内)、畿(京城外)、望(4000 户以上)、紧(3000 户以上)、上(2000 户以上)、中(1000 户以上)、中下(不满 1000 户)、下(500 户以下)。县设县令。如以京官带本官掌一县之政,称知县。下设丞、主簿、尉,分管经济财政、户口簿籍、治安。

县下设乡,置里正,主赋役。后又置户长,主纳赋;耆长,主盗贼、争讼。宋神宗时王安石变法,一度在乡村推行保甲制度,设都保(500

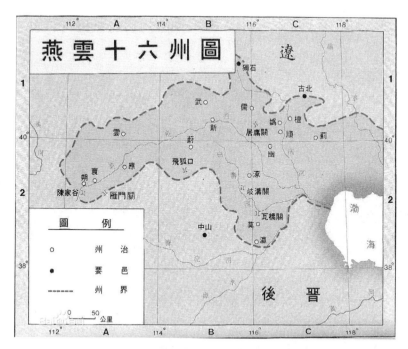

燕云十六州图（燕云十六州，又称幽云十六州，位于今北京、天津以及山西、河北北部，公元 938 年被后唐节度使、后为后晋皇帝的石敬瑭献给北方契丹人建立的辽朝）

家）、大保（50 家）、保（10 家）三级，分别以都保正、大保长、保长，管理保务。

（二）辽金元政府机构

辽、金、元是我国北方三个少数民族创建的封建政权，其机构设置颇有特色。

1. 中央政府机构

辽朝"因俗而治"，中央政府机构分北面官和南面官两个系统。北面官称辽官，是契丹自立的制度；南面官称汉官，是入居汉地以后仿唐宋制度而设。辽官、汉官官署因分别设于皇帝大帐的北面、南面，故而有北面官和南面官之称。

[辽]契丹官员图

金的中央政府机构至海陵王时确立尚书一省制。尚书省设尚书令和左、右丞相等,统领院、台、府、司、寺、监、局、署、所。此外,尚有枢密院(管军事)、御史台(掌监察)、三司使(掌盐铁、度支、户部三司)、太常寺(掌礼乐等)、太府监(掌财政)、大理寺(掌审判)、秘书监(掌典籍)、国子监(掌学校)、都水监(掌水利)等。

元中央机构主要由中书省、枢密院、御史台组成。中书省为中枢行政机构,下设六部。六部下又有院、寺、监、府等。枢密院为最高军事行政机构,地位略低于中书省。御史台为最高监察机构,又称"内台"。新设的中央机构有:宣政院,掌全国宗教和少数民族事务;蒙古翰林院,主诏旨起草;集贤院,掌学校管理;通政院,管驿站;将作院,管理工匠;中政院,主宫内财产;尚乘寺,掌御用车马;等等。

2. 地方政府机构

辽朝实行道、州、县三级制。此外,在地方还有头下军州,又称投下军州。这是辽朝诸王、外戚、大臣以及诸部将俘掠的人口,建立州县,集中奴役的一种形式。头下军州的节度使、刺史由中央任命,其他官员由头下主自行委派，具有私人州县的性质。

金朝地方分路、府、州、县四级。路、府、州军政合一，县只治民政。与州县并行的"猛安谋克制"，是女真内部军政合一组织。猛安是部落长的称谓，谋克是氏族长的称谓。各部落、氏族成年男子平时生产，战时出征，猛安、谋克既是行政长官，又是军事首领。

元朝地方分省、路、州（府）、县四级。省的全称为行

元太祖成吉思汗像

中书省，简称行省。路设总管府，长官为总管。府设知府或府尹，州设知州或州尹，县设县尹。县以下建立村社、里甲等基层组织。此外，还在比较重要的地方设巡检司，如设澎湖巡检司。

元朝在边疆少数民族地区设宣慰司、宣抚司、安抚司、招讨司、万户府、千户所等机构，这些机构分别设宣慰使、宣抚使、安抚使、招讨使、万户、千户等，均由少数民族首领担任，称为土司。土司的设立，是唐朝羁縻州县的进一步制度化，为明清所继承。

六、明清政府机构

明清（1840年以前）时期废除了宰相制度，皇帝直接操纵中央政府机构，以省作为地方最高行政机构的格局基本定型。1840年鸦片战争后，晚清政府机构出现了近代化的趋势。

（一）明朝政府机构

1. 中央政府机构

明朝中央政府机构有以下四大变化：

第一，废除宰相制度。洪武十三年（1380年），朱元璋罢中书省，将六部升格独立，直接隶属于皇帝，从而形成了以六部为主干，府部院寺（司）分理政务的行政格局。

第二，形成内阁制。废除宰相制后，为处理政事的需要，始设置大学士以备顾问，后来逐渐"参预机务"，因其在大内殿阁办事，故称内阁。大

明太祖朱元璋像

学士有多人，其中一人为首领，称"首辅"。内阁大学士协助皇帝处理军国大事，成为实际上的宰相，内阁也随之成为事实上的全国行政中枢。

第三，宦官衙门凌驾于政府机构之上。明朝司礼监拥有代皇帝用红笔批示内阁的"批红"权、代传皇帝命令的"中旨"权，还控制了东厂和锦衣卫。明代后期，皇帝往往常年不理朝政，不见大臣，司礼监的太监遂利用所谓"批红"权、"中旨"权，上下其手，从中弄权，进而凌驾于内阁之上。

第四，实行两京制。明成祖迁都北京后，在北京和南京各设有一套中央机构。

2. 地方政府机构

明朝地方政府机构分为省、府(州)、县三级。

(1) 省

省是地方最高政府机构,其政权机关由承宣布政使司、提刑按察使司、都指挥使司三大部门组成。承宣布政使司,简称布政司,俗称藩司,设左右布政使各一人(从二品),主管一省民政、财政。提刑按察司,简称按察司,俗称臬司,设按察使一人(正三品),主管一省司法、监察。都指挥使司,简称都司,设都指挥使一人(正二品),主管一省军事、卫所。上述三司并立,地位平等,互不统属,分别受制于中央有关部门。明朝全国共有十三个布政司,还有两个直属中央的直隶府(南京应天府、北京顺天府),共十五个省级行政区。

(2) 府(州)

府是省之下的地方二级政府机构,设知府一人,正四品,主管一府民事财政。明朝按纳粮数把府分成上府(纳粮 20 万石以上)、中府(纳粮 20 万石以下,10 万石以上)、下府(纳粮 10 万石以下)。全国共有159 个府。州与府平级。明代的州有两种:一种是省属直隶州,其地位与府相同;另一种是府属州,其地位相当于县,又称散州,是三级政区。明朝共有 234 个州,知州为从五品。

(3) 县

府(州)以下为县。全国共有 1171 个县。县设知县一人,正七品,另有县丞一人,主簿、典史各一人。县以下的基层组织,城内称坊,近城称厢,乡村称里。

明朝政府通过土司间接管理西南少数民族地区各项行政事务。后来,政府又不时地"改土归流",用内地汉人流官取代当地世袭的土司,以加强对边疆地区的管理。

（二）清朝政府机构

清朝形成了一套从中央到地方的严谨的政府机构系统。

1. 中央政府机构

清代中枢决策机构有内阁、军机处。清代内阁职权一分于议政王大臣会议，二分于南书房，三分于军机处，最后沦为办理例行公务和储存档案的处所。而军机处则上升为皇帝直接指挥下的最高决策机构。雍正七年(1729年)，始设军机房办理青海军务。雍正十年，始正式改称军机处，其职权越出军务范围，成为中枢决策机构。军机处设军机大臣若干人，以一人为首席军机大臣。军机大臣下设军机章京若干人，协助军机大臣处理政务。军机章京分为两班，每班满汉各八人，设领班、帮班各一人。

清朝中央各部院主要有六部(吏、户、礼、兵、刑、工)、三院(都察院、理藩院、翰林院)、五寺(大理寺、太常寺、光禄寺、鸿胪寺、太仆寺)、两监(国子监、钦天监)，其中六部三院占有更重要的地位。

清朝皇室服务机构主要有宗人府、内务府、詹事府、太医院等。其中，内务府管理宫禁事务。凡皇帝的衣食住行，均由该府承办。内务府的设立，从根本上杜绝了中国历史上宦官专权的现象。

2. 地方政府机构

清代地方政府机构分省、府、县三级。

（1）省

省设督、抚、司衙门。

总督在明代是中央派往地方巡查的临时性官职，至清代成为地方最高官员，有专设的总督衙门，一般管两省或三省的军政、民政、监察和外交；有自己的直属军队"督标"，正二品，是名副其实的地方军政要员。清代全国共有八大总督，即直隶总督、两江总督、闽浙总督、两湖总督、陕甘总督、四川总督、两广总督、云贵总督。清末又增加了东三

［清］两江总督署东西辕门

省总督。此外,还有专务总督,著名的有漕运总督、河道总督。漕运总督衙署称"总漕部院衙门",设于江苏省淮安府,主管漕运。河道总督设衙署于山东省济宁府(后迁至江苏省清江浦),主管黄河、运河堤防和疏浚等河政事务。

巡抚在明代也是中央派往地方巡查的临时性官职,至清代则成为主管一省民政的长官,有专门的巡抚衙门。巡抚又称"抚台",从二品,也有自己的直属军队"抚标"。巡抚与总督的区别是:总督管数省,侧重军事;巡抚只管一省,侧重民政。

巡抚之下,设承宣布政使司(俗称"藩台"),长官为布政使,品级与巡抚一样,从二品,掌一省民政、财政;提刑按察使司(又称"臬台"),长官为按察使,正三品,掌一省司法、刑狱、驿传事务。抚台、藩台、臬台,俗称"三台",是省一级主要官员。

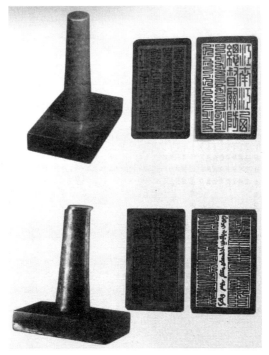

［清］两江总督关防官印

（2）府、县

府是省与县之间的二级行政机构,长官称知府,主一府行政事务。府下设县,长官称知县,主一县之政,号称"亲民之官",事务繁杂。

3. 晚清政府机构

1840 年以后,中国进入了半殖民地半封建社会,清政府被迫对政府机构做了几次调整。

第一次是在第二次鸦片战争之后,于 1861 年增设了总理各国事务衙门。总理衙门还兼管同文馆、总税务司署及南、北洋通商大臣。

第二次是在百日维新期间,在中央裁撤了通政使司等冗散机关,在地方裁撤了督、抚共设省份的总督或巡抚,新设民政局、民政分局。

［清］总理衙门

第三次是在1901年"新政"以后,在中央形成了11部1院,即外务部、吏部、民政部、度支部、礼部、学部、陆军部、法部、农工商部、邮传部、理藩部和大理院。宣统年间,一度增设海军部。在地方增设:提学使司,主管一省教育;提法使司,主管一省司法。还在一些省份置巡警道,以推行警察制度;设劝业道,以兴办实业。此外,还在中央设有资政院、在地方设有咨议局等民意机构。

晚清政府实行机构改革,试图以西方的国家机关取代衰朽的封建机关,在一定程度内限制君权,体现了时代发展的必然趋势。

第三章　官吏选拔

中国古代建立起了一套选官制度,同时通过严格的官吏选任法规,确保所选官吏的素质。

一、选官制度的不断变革

中国古代官吏的选拔,正常通过两条途径:一是对有志于仕途者的考试、选用,称为考选;二是对在职官吏的考绩择用,称为铨选。依照选官制度的形成,又分为正途考选与异途选任。正途考选是历代选官制度的主流,它经历了四次大的变革:第一次是春秋战国时期养士与军功制度取代了商周的世卿世禄制度;第二次是两汉的察举与征辟制度取代了养士制度与军功制度;第三次是在魏晋南北朝时期产生了察举制度的变种——九品中正制度;第四次是隋唐时期创立的科举制度取代了九品中正制度。异途选任有始于秦的葆子、魏晋南北朝的特诏、两宋的恩荫与清代的捐纳,等等。

(一)世卿世禄制度

世卿世禄制度是我国夏商西周时期的选官制度。它是政治上的宗法分封、世代继承在选官上的反映,是"亲贵合一"的组织原则在用人上的具体表现。世卿世禄制度包括世卿制和世禄制两个方面的内容。所谓世卿制,是依据血缘的远近亲疏关系,在固定的奴隶主贵族家族中选拔国家官吏且职位世袭的制度。天子任命宫廷百官,册命诸侯国君,均在与其有血缘关系或婚姻关系的人中选拔,而且官职、爵位、俸禄和政治特权,由他们的子孙世代继承。诸侯国的国君也依此原则挑选百官。所谓世禄制,即各级奴隶主贵族根据他们的等级地位,世袭地享有封地里的收入,除了依次向上一级贵族交纳一定的贡赋和提供军役、劳役外,其余全部归他们享用的制度。

世卿世禄制度在当时特定的条件下,保证了奴隶主贵族对国家权力的垄断。

（二）军功制度与养士制度

世卿世禄制度在官吏选用上具有明显的任人唯亲的特点。春秋战国时期,人们在政治实践中日益认识到此制的弊端,因而主张扩大选官范围,打破门第限制,唯才是举。各国主要通过军功与养士这两条途径,把中小地主及其知识分子吸收到封建政府机构中来。

1. 军功制度

军功制度是按照在战场上杀敌多少、战功大小而赏给爵位,立功任官的制度。秦设有 20 等军功爵。以军功大小任官赐爵,比以宗法血缘关系的远近任官赐爵前进了一大步。这一制度毕竟为既无地位又无特权的新兴地主阶级登上政治舞台开辟了一条重要途径。

2. 养士制度

春秋战国时期的士是社会上一股特殊的势力。他们饱读诗书,能言善辩,具有一定的治国用兵才能,又不受国家、宗教、经济地位的限制。他们奔走于各国之间,揣摩形势,纵横捭阖,成为当时政治舞台上最活跃的力量。各国统治者竞相养士,起用他们为各级政府官吏,从而在社会上形成了一股养士、尊士和用士的风气,各种人才脱颖而出。例如:毛遂自荐,完成赵楚合纵;信陵君与卖浆者游,得以却秦存赵;苏秦身负六国相印,合纵抗秦,显赫当时;孙膑运筹帷幄,减灶骄兵,大败庞涓;吴起为楚所用,刷新政治,楚以振兴;淳于髡擅长谏诤,任为魏国大夫。

作为选官制度,军功和养士以选贤任能为原则,这是对世袭特权的否定,为真才实学之士踏上仕途开辟了道路。

（三）察举制度与征辟制度

察举制度与征辟制度是两汉占主导地位的选官制度。

1. 察举制度

察举，又称荐举、保举，是一种由下而上推选官吏的制度。作为一种法律制度，察举形成于西汉。察举实际上分为诏举与岁举二种，诏举是皇帝临时诏令公卿郡守等向朝廷举荐人才，岁举是郡国每年向国家推荐一定数量的人才。汉代察举科目很多，主要有孝廉、秀才、明经、贤良方正、孝悌力田、明法、直言、有道、明习兵法、文学、勇武有节等，数量超过 20 种。凡察举所推荐的人才要通过"射策"或"对策"的考试，才能授以官职。

作为中国封建社会第一个比较完备的选官制度，察举制度在全国范围内公开地、大规模地举荐贤能，且将推选与策试结合起来，选优录用，为国家选拔了大量人才，对后来的选官制度也产生了深远的影响。

2. 征辟制度

征辟制度由"征"和"辟"构成。征即征召，辟即辟除。征召是皇帝下诏聘请社会上有声望的士人入朝参政或备顾问，被征者叫"征士"或"征君"。如汉武帝征枚乘，光武帝征卓茂。辟除是中央公卿各部机构和地方郡县诸府按制度选任所属僚佐员吏。汉朝规定，二千石以上的长官可以自辟掾属，直接选任百石以下的官吏。

征辟这种自上而下的选官制度在两汉是察举制度的补充，为统治者搜罗了一批被察举所遗漏的人才。征召不仅是选用名士任官或备顾问，而且可以表示朝廷的敬老爱贤，借以助化风气。辟除使中央和地方各部长官有用人的自主权，这有利于发现人才，协调主从关系，激发所属官吏的积极性。

（四）九品中正制度

西汉选官盛行公开察举和策试竞争，向社会敞开了入仕的大门，因而匹夫而为公卿，白衣而为将相者，比比皆是。如放猪的狱吏公孙弘任武帝丞相，为官抄书的班超投笔从戎、立功西北而为西域都护。然至东汉以后，士族豪门势力不断发展，察举大权完全被大地主、大官僚所把握，任人唯亲、任人唯势、任人唯财的现象极其严重。至于征辟，也是弊窦丛生，被辟者对辟主感恩戴德，唯辟主是从。

魏文帝黄初元年（220 年），曹丕采纳吏曹尚书陈群的建议，正式将九品中正制度（又称九品官人法）推向全国。其基本内容是：中央政府选择"德充才盛""贤有识鉴"的现任中央政府官吏，兼任其出身所在州郡的"中正官"，州置大中正，郡置中正，后来县亦设小中正。中正官的任务是察访本州郡县内人物，根据他们的品（德）、状（才）、家世（门第）加以品评，然后将察访品评的人才分成九品（九个等级），向中央吏曹推荐。中央吏曹根据"择上录用"原则，从九品中选拔人才充任各级官吏。

西晋以后，门阀势力日益强大，九品中正制成为世家大族垄断政治的工具，中正官不"中正"，大批贤能而出身寒微者被排斥于入仕大门之外，吏治腐败不堪。隋开皇年间正式罢止九品中正制度，而代之以崭新的选官制度——科举制度。

（五）科举制度

科举制度是一项由封建国家设立各科，考生自愿报名，定期进行公开、统一考试，考中者分别委以不同层次官职的选官制度。自隋文帝开皇十八年（598 年）创立科举取士至清光绪三十一年（1905 年）正式废止科举考试为止，科举制度在中国封建社会连续推行了 1300 多年，为隋以后的封建王朝选拔了难以计数的官吏，对中国社会的发展、人们思想和行为方式乃至现代西方各国的公务员制度，都产生了极其巨大的影响。

科举制度的发展兴衰大致经历了唐的繁荣、宋的改革和明清的衰落三个时期。唐代科举包括常科和制科两大类。常科每年举行,有明经、进士等50多种科目。考生一是生徒(即州县学馆学生),二是乡贡(即非学馆出身的自学者)。一般经过两道考试:先是州县考试,合格者中举人,参加省试;省试由尚书省礼部主持,合格者取得做官资格,再由吏部主持铨选步入仕途。唐代明经、进士两科应试者最多,尤以进士科难度最大。进士科合格者称为"及第",是无限荣耀的事。制科是皇帝颁布诏令临时设置的科目,如言行忠谨堪理时务科、才堪刺史科、孝悌廉让科,共120多种。制科考试通常由皇帝亲自主持,考试及格即可授官。

宋代科举制度作了不少改革。一是在州试、省试的基础上正式确立了殿试制度;二是一旦考取,即可授官,免去了唐代的吏部铨选;三是王安石变法时,一度实行"三舍法"取士;四是考试制度更加规范。宋代殿试一般分作五等三甲:一、二等称及第,三等称出身,四、五等称同出身。南宋开始称殿试第一名为状元,第二名为榜眼,第三名为探花。

明清科举制度严密完备。考试分为乡试、会试、殿试三级。乡试每三年一次,在各省省城举行,考中者称举人,第一名称解元。会试在乡试后第二年早春于礼部举行,应试者为举人,考中者称贡士,第一名称会元。殿试在会试后同一年举行,应试者为贡士,分三甲录取。一甲取3名,赐进士及第,第一名称状元,第二名称榜眼,第三名称探花。二甲赐"进士出身",三甲赐"同进士出身",一、二、三甲统称"进士"。明清科举制度最大的变化是考试内容与形式的八股化,规定以"四书""五经"为蓝本,以八股文优劣为取士标准,束缚了学生的创造力,应试者多酸腐迂拙,不学无术。在历史上起过进步作用的科举制度遂被引入死胡同,终于退出历史舞台。

［宋］科举考试图

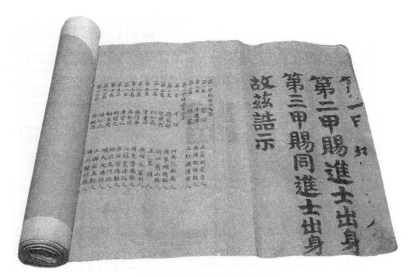

［清］公布殿试结果的大金榜

　　除了上面所述正途考选制度外，历代还有纳赀、荫袭等异途任官作为补充。

　　从历代选官制度的变革过程中大致可以总结出以下几条规律：任何选官制度在一定历史时期出现都有其内在的深刻原因；任何选官制度都有一个在实践中不断走向系统、完善的调整过程；法久生弊，无论什么选官制度在施行时多么先进、有效，随着形势的发展和时代的变迁，必然会出现不相适应的缺陷和弊端。当旧的选官制度腐败变质、变形走样时，及时地进行变革就成了除旧布新的客观要求。反之，如果墨守成规，不思变革，再好的选官制度也会走向反面，成为埋没人才的坏制度；每一次适时的选官制度大变革，都相应地造就了一个人才辈出的时代，如春秋战国、西汉、曹魏初期、隋唐。总体上说，中国古代选官范围在不断扩大，透明度在日渐增加，向着公平、公开的方向不断推进。

二、选任法规的日趋严格

自隋唐至明清,一千多年中一直实行科举考试制度,但随之也出现了舞弊行为。历代统治者和民众对科场舞弊无不深恶痛绝,朝廷多次下诏厉行禁止,逐渐形成了一整套制度化的防范措施。这些措施几乎涉及科举考试的各个环节、各个层次。

(一)对考生的规定

对于参加科举考试的考生,试前试后、考场内外,各朝各代都有严格的规定,而且越来越趋于周密与完备。

1. 报考条件的限制

唐代三种人不得参加科考:触犯刑律者、工商后代和地方衙门小吏。宋代规定:凡家中高祖以内有犯死罪者、僧道还俗之人和残疾之人不得应考。明代限制更严,凡已入流品的在职官吏,已经科举入仕者、被罢官吏、娼优之人,一律禁考。清代士子必须取得官学生员资格才能参加科举考试。欲得官学生员资格则要通过县试(知县主考)、府试(知府主考)、院试(学政主考)三级预考。考试合格进入官学后,还要名列一、二、三等,才允许参加博取功名的科举考试。

2. 互保连坐

唐代实行5人连保,5人中若有违禁者,连保者3年内不得参加科考。宋代"每十人相保,内有缺行,则连坐不得举"(《宋史·选举志》)。若有作弊情况,一旦发现,连保者均受严厉制裁,并将举士遣送回籍,永远不得再赴科考。清代尤为重保,除有考生5人结保互监外,还有认保,即由熟悉的廪生(秀才)作保。互保连坐旨在使考生互相劝诫,防止作弊。

3. 报考地区的限制

唐宋明清诸朝都明确规定:考生必须在其户籍所在地区报考,若在别处冒籍报考,予以除名。

4. 点名

考生进入考场时,监考官唱出考生姓名,考生必须大声应答,并唱出某人作保,保人也随即应唱作证。监考官再将考生填写的履历表上的形貌特征与本人对照,检视无误后方可放行入考场。在点名唱名时,贡院派有审音员在场,辨别考生口音,以防冒籍报考。

5. 搜身

考场内外,戒备森严。考生进入考场要全身搜检,以杜绝夹带。唐朝每逢"关试之日,皆严设兵卫,荐棘围之,搜索衣服,讥诃出入,以防假滥"(《册府元龟·贡举部》)。金代搜身以至解发袒衣,索及耳鼻,后改为沐浴,国家另置备衣服为之更换,既不亏礼,又可防弊。此法为元朝所沿用。明清搜身更严,考生必须拆缝衣裳,单层鞋袜,不得携带双层夹里之衣被,砚台不能过厚,笔管必须镂空,糕饼要求切开,有的搜及亵衣下体。一旦查出夹带的书籍文字,不仅当场取消考试资格,而且带枷铐在贡院门前示众。

6. 考场守则

明清时期的考场隔成若干小间,称为号房。号房无门,以便考官监视。考生进入考场后,在各自的号房里答卷、休息、用餐。每号房只有一名考生,并派一名"号军"看守。此外,每排号房都设有栅栏门,考试时关闭上锁,考生不得在考场四周走动,防止传递、交流。发给考生的草稿纸,须与考卷一同上交。阅卷时,稿纸上的笔迹与内容必须与试卷正文一致,否则就被怀疑作弊。考生如在试卷上有添注涂改,必须在卷末说明,不得有出入,以防他人事后涂改。明清时期科考还规定考生在作应试文(即八股文)时,在文章的起首、承接、转折、结尾等处,必须使用规定的连接词,以防考官与考生在试文中藏有暗号标记。

南京江南贡院全景（1912 年摄）

7. 填写履历表与查证

清朝规定，凡考取秀才、举人、贡士者，必须去上级领导部门在有关官员的监督下亲笔填写履历表，除了写明年龄、籍贯、形貌等常规外，还得默写数行答卷上的文字，与考卷一起呈送礼部，核对笔迹与试文，以防伪冒。不填写履历表者不得参加高一级考试。

8. 优惠与照顾

历代为严肃科场纪律，虽然对考生作了种种限制，但也有一些颇富人情味的规定。如宋朝规定，官府对贫寒贡士的赶考往返费全部予以报销。明代凡参加会试的举人，其赴考途中由地方政府免费提供食宿。清朝则按路途远近发给考生数量不等的银两。这些资助政策对一贫如洗、出身贫寒的考生无疑是雪中送炭。历代对有一定出身但不是官吏的人，政府也给予一定的特权。如唐代对进士出身的"衣冠户"免赋，清代秀才亦可免除租税与徭役。

[明] 状元图考·金榜题名

（二）对考官的规定

考官主持科举考试的各项工作,权力极大,如不加限制,极易酿成科场舞弊大案。为此,历代多有严格规定。

1. 考官任用回避

明清时期考官每年更换,不得连任。乡试考官必须是外省籍的官员或邻省在籍的进士。明代乡试主考官多由京官充任,同考官则由各省抽调进士的官员充任。清代乡试主考官由翰林及进士出身的部院官担任,主考官还得经过朝廷考试方可上任。京官担任乡试主考官,在奔赴所在省份的途中,不准携带家眷,不准一路游山玩水或会见朋客。进入所委任省境后必须立即封上所坐轿门,径直进入贡院锁宿。会试主考官由各部尚书或内阁大学士担任,并负责出题。主考官之外,还有同考官若干名,一方面协助主考官分理有关考试事务,另一方面则对主考官进行监督和牵制。

2. 主考锁宿贡院

为防止主考官员泄漏考题内容,宋朝开始实行锁院制度。知贡举、同知贡举等主考官员在接到任命主持科考诏书的当天,须立即停止原职务,赶赴尚书省贡院锁宿,中途禁止回宅。主考官员前后隔离约50天。此间不得探亲、会友、通信,考试结束才可以回家。

3. 子弟另设考场

为避嫌疑,唐代考官亲故在省试时另设考场应试,另派官员主持,称为“别头试”。宋朝别头试范围扩大到除殿试以外的所有考试。别头试考官秘而不宣,由皇帝临时指定,不为贡院本官所知,以防请托。清代,主考、同考官、诸监考官以及试卷弥封、誊录、对读、收掌等一切与考试相关的工作人员的子弟全部回避,不许进入考场。

4. 禁止朝廷官员推荐考生

唐代允许公卿大臣向考官推荐考生,称为"公荐"。但由于开始时考卷不糊名,每届考官又固定以吏部考功郎中、员外郎或礼部侍郎为主考官,因此不少考生一入京师就四处活动,向公卿大臣送礼,并附呈自己的得意之作,美其名曰"求知己"。然后,在公卿的引荐下,拜见考官,称为"请谒"。结果不学无术之徒纷纷录取,有真才实学但不愿"求知己"和"请谒"的正直考生则屡试不中,一时称屈者众矣。为限制"公荐"之弊,宋太祖规定:"贡不应法及校试不以实者,监官、试官停任。受赂,则论以枉法。"(《宋史·选举志一》)尽管有此规定,但仍有铤而走险者,受贿请托之事时有发生。为从根本上解决问题,后来干脆取消了"公荐",从体制上解决了唐代以来屡禁不止的"请谒"之风。

(三)对试卷的规定

为防止考生与考官在试卷上串通作弊,有关试卷的规定从无到有,日趋完备。

1. 监考

明清时期考生进入号房答卷数小时,监考官须逐个检查考生试卷,同时在试卷上在考生当时正在写的最后一行处盖上印戳。此举目的在于防止考生互相借代或交换试卷。

2. 弥封

弥封又称糊名,即将试卷卷首考生填写的履历部分,如姓名、年龄、籍贯、形貌、父祖曾祖姓名等翻折封盖,由封印官在骑缝加盖关防,并用"千字文"编号。糊名后送考官判卷。考官判完后将自己的姓名贴上,送复考所,由复考所复判并定出名次后,才可拆封。弥封法始创于唐代武则天时,至北宋真宗以后普遍推广开来,成为定制。

3. 誊录与对读

为防止考官偷拆封印，辨认字迹姓名，北宋规定，全部试卷在考试结束后由誊录书吏誊抄一遍。明清时考生用墨水答题，叫"墨卷"，誊书吏用朱笔誊抄，叫"朱卷"。誊录时有 2 人监场，防止书吏作弊。誊录完毕，又行对读，即将朱卷与墨卷进行校对，防止书吏笔误。对读无误，立即封存墨卷，将朱卷移送内帘批阅。判卷现场"封锁内外门户"，隔离极严。

武则天像（武则天当政期间，曾大力推行科举制，破除世卿世禄特权，为科举取士开辟了更为广阔的前途）

4. 磨勘

磨勘是清朝防止判卷舞弊的补充措施。所谓磨勘，即选派专人（极善于挑剔毛病的人）对试卷反复审查评阅，发现和纠正问题。

5. 复试

张榜公布录取名单后，若有不该录取而录取，并引起舆论哗然者，予以复试。复试之制，早在唐宋即有。不过那时的复试是针对权贵子弟的，即"合格举人，有权要亲族，并令复试"（《宋史·选举志》）。这与明清复试对象不尽一致。明代乡试中举者，若有可疑，无论出身如何，礼部官员可对其复试。清代复试成为定制，大凡乡试、会试之后都要复试，复试合格后才能参加更高一级的科考。有些朝代对落榜生也进行复试，如唐宋时凡省试落第者均可复试，复试仍不能通过者才算真正落榜。

（四）对作弊的处罚规定

历代科考作弊手段五花八门,诸如通关系、行贿赂、冒名顶替、怀挟答题、割卷传递等等,无奇不有。对胆敢以身试法的考官、考生,历代都有相应的处罚规定。如清顺治十四年(1657年)顺天乡试舞弊大案,皇帝下诏,将李振邺、张我朴等5名考官及行贿取中的2名举人立斩,家产抄没,7家男女老幼108人流放黑龙江。另有40名涉嫌,本拟斩决,恐杀人过多,才改为流放关外。全部200名新举人于次年重行考试,结果有8人被革去资格。

第四章　职官管理

在"明主治吏不治民"的思想指导下,中国历代统治者莫不通过治吏进而理政驭民,形成了一整套包括官吏任用、考课、奖惩、品级、俸禄、休假、致仕等在内的完备严谨的职官管理制度。

一、先秦职官管理

中国古代的职官管理制度在先秦已经形成雏形。一是把职官分成公、侯、伯、子、男、公卿、大夫、上士、中士九等,九品制由此萌生。二是初立上计制度。所谓"上计",是指地方官吏在年终时将自己辖区内的有关事务如实写在木券上,汇编成簿册上交,称为"计簿",以接受上级考核。三是形成了"七十而致仕"的退休制度。四是初步建立起俸禄制度、任免制度。

二、秦汉职官管理

秦汉时期,中国古代的职官管理制度已经趋于系统化。

(一)任用制度

秦代,初为吏者,有一定的试用期,如刘邦就曾"试为吏"(《史记·高祖本纪》)。官吏没有经过正式任命而暂先代理,称为"假"。尤其引人注目的是,规定"任人而所任不善者,各以其罪罪之"(《史记·范雎列传》),体现了问责的精神。

汉代,官吏的任用有以下几种方式:

守,即试用。凡初任官皆试用一年,转正后始食全俸。

兼,即以本官而兼任其他官职。

领，即类似兼任。

假，即代理、兼摄之意。

行，即因某官出缺，则以本官代行所缺之官职务。

拜，即皇帝初次任命某官，或免而复任为"拜"。

征，即在地方治绩显著而为天子特征入朝为官，称为"征"。

迁，即转官之意。由低级提升高一级官吏时通称"迁"，平调称"平迁"，降职称"左迁"。

免，即免职。汉代有自请免官、惩戒免官和连坐免官三种形式。

待诏，即等待诏命，具有候补性质。

皇帝直接任用的高级官吏称特简、特任、特召、特拜等，必须经由皇帝亲自核准。主管部门任命的中级官吏称选、授、补、除，必须由主管部门核查备案，报请皇帝批准。主要长官任命的低级官吏称召辟、辟署等，必须由主要长官批准备案，若进入官品官秩，须由中央主管部门批复。

汉代任用期限无明文规定，但从实际施行来看，多重久任制。如萧何、曹参为相13年，张苍15年，陈平12年。对久任者还往往予以嘉奖，"刺史居部九岁，举为守相"（《汉书·朱博传》）。对政绩斐然者，国家宁愿就原职增秩、加俸，也不轻易调动。

（二）考课制度

秦朝以"五善""五失"考核官吏，还实施过"上计"考课法，并在司法等部门和农村基层试行了岗位责任制。

汉代考课，一年一小考，三年一大考。年考从秋天开始，至年底所有考课簿册集中到中央，次年正月初一群臣朝会时举行考课大典，再按分工分别进行考课。考课采取会议形式公开评议。考课之后，继以奖惩。奖则增俸、升官或赐爵；罚则降薪、贬职或免职；罪则有笞、耐、弃市、族诛等刑名。

（三）俸禄制度

秦推行二十等军功爵位制度，最低为公士，最高为彻侯。不同爵位享受不同俸禄。

汉代全国官吏共分为十六级，以"石"定秩次（官等），以"斛"定俸额，秩名与官俸并不一致。十六级中，最高为万石，最低为斗食。十六级官吏所对应的每月官俸（斛）分别是：350、180、120、100、90、80、70、60、50、45、40、37、30、27、16、11。

（四）休假制度

自西汉起，我国古代有了官吏的休假制度。汉代官吏假期主要有：

休沐，即每隔5天休假1天，以处理家务私事，如归对妻子、拜谒父母等。

节假，即每逢万寿节（皇帝生日）、冬至、夏至等大节令，官吏休假。

予告，即赏功假。

赐告，即病假，超过三个月而不愈者，即予免官。

宁假，即丧假。文帝规定，父母丧亡，既葬之后，官吏丧假36天。东汉哀帝时，曾经规定二千石大吏居丧3年。

（五）致仕制度

致仕即退休。汉例：官吏年及70岁就得退休。或虽未及70岁，但体弱多病，难以胜任者也得退休。致仕一般由本人提出申请，卑称"乞骸骨"。致仕之后，大多归政还乡，二千石以上大官享受原俸的三分之一，以养老送终；一千石以下各级官吏致仕后没有什么特别待遇。

三、魏晋南北朝职官管理

魏晋南北朝时期，天下纷争，南北割据，职官管理时紧时松，管理水平明显下降。

（一）考课制度

这一时期的考课制度主要有曹魏的都官考课七十二法、晋朝的五条郡县法、北魏的三等考课法和北周的六条诏书考课法。五条郡县法的考课内容是：一条正身，二条勤百姓，三条抚孤寡，四条敦本息末，五条去人事。每三年考课一次。北周宇文泰制定的六条诏书考课法主要内容是："一，先治心；二，敦教化；三，尽地利；四，擢贤良；五，恤狱讼；六，均赋役。"（《周书·苏绰传》）五条郡县法将"正身"列于首位，六条诏书考课法将"治心"列于首位，体现了对官德的高度重视。

（二）等级制度

魏晋南北朝官吏的等级地位，主要由品位级别和职务级别两种形式确定。现将有关朝代等级制度列表如下：

魏、宋、陈、齐、周官吏等级制度表

朝代	品级	职级
曹魏	九品制	十二"石"级
南朝宋	九品制	十二"石"级
南朝陈	九品制	八"石"级
北齐	正从九品制	十八品级
北周	九命制	九"石"级

（三）俸禄制度

魏晋南北朝时期，有完整的俸禄制度的记载并不多见。其中北齐官吏的俸禄依品定额，按年配给，称为岁禄。岁禄多以绢匹为计算单位，有时也发一定比例的俸钱。若遇国家财政紧张，则往往减发俸禄。

四、隋唐五代职官管理

中国古代官吏管理经过长期的发展，到隋唐五代时形成了一套包括任用、考课、奖惩、等级、俸禄、休假、致仕等内容在内的严谨而完备的制度。

(一)任用制度

唐代文官任用,五品以上由皇帝亲自任命,六品以下由吏部主持选任。官吏委任的方式,按官品高低分为册授(三品以上)、制授(五品以上)、敕授(六品以上)、旨授(六品以下)、判补(流外官等)五种。官吏的任用方式与前代基本相同,有"拜""除""征""守""兼""试"等名称。

(二)考课制度

隋朝虽重视考核,然而终因国祚短促,在制度建设上无所作为。

唐朝以"四善""二十七最"和"四等考课法"考课官员。前者是一般职事官的考察法。"四善"指德义有闻、清慎明著、公平可称、恪勤匪懈。这些是对全体官员的共同要求。"二十七最"是根据各部门执掌的不同,对官员个人才干、工作成绩等提出的二十七条具体要求,诸如扬清激浊、褒贬得当、拾遗补阙、选拔良才等等。根据这些标准,经过考核定出:上上、上中、上下、中上、中中、中下、下上、下中、下下,九等。"四等考课法"是对不入九品的流外官的考察法。其内容是:清慎勤公为上,居官不怠为中,不勤其职为下,贪浊有状为下下。唐朝考课一般一年一小考,三年或四年一大考,大考后定黜陟。每届考课,一般由被考官员先进行书面的自我鉴定,然后由本部门或州府长官当众宣读,让众官进行评议,定出优劣等第。如果被考者认为评判不当,可以要求重新进行考核。京官与地方官的初步考核结果须在当年十月汇总到尚书省,然后由吏部考功司初审,分别评出考第。一般由考功郎中考课京官,员外郎考课外官。同时选两名德高望重的京官担任校考使,分校中外官考。另由给事中、中书舍人担任监考使,分监中外考官。校考完毕,马上予以公布,吏部发给被考人"考牒",以为凭证。

（三）奖惩制度

考课之后,必然是根据结果进行奖惩。唐制规定,对小考优异者赏以加禄,劣等者罚以夺禄;大考优等者可晋官升职,劣等者则降官免职,直至追究刑事责任。具体而言,即考课结果中上以上者,每进一等,加禄一季,中中者维持原禄不变,中下以下者,每退一等,夺禄一季。另外,凡五品以下官员,在四年任期内,如果四考结果都是中中,可依例进一阶;如果四考中有一考成绩为中上,那么可以再进一阶;如果四考中有一考成绩为上下,就可以再进两阶。

（四）等级制度

隋朝官吏品级沿袭了北齐的九品十八级的等级序列制度。正一品为1级,从一品为2级,依次类推,至正九品为17级,从九品为18级。隋朝爵位有九等,按从高到低的顺序分别是国王、郡王、国公、郡公、县公、侯、伯、子、男。后来,"唯留王、公、侯三等,余并废之"。（《隋书·百官志下》）

唐朝官吏的品级序列有九品三十级:正一品至正九品,共九品;正从一至三品,四至九品正从又各分上下,共三十级。从中央至地方的大小官吏,在此编制序列内者统称"流内官",不在此序列者则称为"流外官"。从流外官转成流内官,称为"入流"。唐朝爵分九等,由高而低依次为王、郡王、国公、郡公、县公、县侯、县伯、县子、县男。

（五）俸禄制度

隋朝中央职事官按正一品至从九品给禄,分春秋两季发放。正一品岁禄为900石,从九品岁禄为30石。地方州县分为九等,上上州刺史岁禄620石,下下县令岁禄60石。禄米之外,隋还授予在职官吏多少不等的职分田,以补充俸禄,离职时移交来者。地方官还有公廨田,用以作为各级政府、部门的行政费用来源。

唐朝官吏的俸禄有四种形式,即授田、赐禄、给役和俸料。授田:

即按官品高低获得永业田和职分田。赐禄：即官吏每年从政府获取的禄米。给役：即按品级高低为各级官吏提供仆役人员。俸料：即官员从政府处获取的钱货收入。

（六）休假制度

隋朝官员有丧假，凡父母亡故，官员应奔丧尽孝，假期长者近两年，短者几十天。此外，节日有例假，生病有病假。

唐朝官员有例假、节假、事故假、出界假、婚嫁假、丧假等。

（七）退休制度

唐朝已有"退休"一词。一般官员 70 岁退休。五品以上官员退休要奏请皇帝或宰相同意。六品以下官员退休，则一般由尚书省吏部批复。对退休官吏举行欢送仪式，敲锣打鼓，送归老家，颇富人情味。官吏退休后享受优厚的待遇。

五、宋辽金元职官管理

宋辽金元时期，上承隋唐，下启明清，呈现出中国封建社会转折时期的许多新特点，职官管理也颇有特色。

（一）任用制度

宋代官吏任用有官、职、差遣之分。官是官阶等级，无职掌，只是领取俸禄的依据，因此，又被称为"寄禄官"。职就是职事官，有正式编制。职是一种加官。例如学士院的学士，经常在皇帝左右侍从，但他们又各有本官，借以领取俸禄。为了别于本官，学士被称为职。所谓差遣，即本官不管本司之事，而以他官理之。如不是兵部尚书的人，却实际掌握了军事行政大权，这就叫差遣。例如苏东坡以朝奉郎（官）端明殿、翰林侍读两学士（职）出知定州（差遣）。获得差遣就有官、有职、有权。因此，宋人都以差遣为荣，不以居官为贵。此外，宋代还在任命地方官时加上"权知"二字，以示其"名若不正"，如"知府""知州""知县"等。宋代官、职、差遣分授,"官以寓禄秩、叙位著,职以侍文学之选,而别为差遣以治内外事"(《宋史·职官志一》)。这种名实不符的任用制度,导致了虚职过多,名称杂乱,官吏冗滥,机构臃肿,行政效率低下等弊端。此外,宋代官员三年一换任所,本地人不能为本地官。

金代在官吏任用上,由尚书省吏、兵两部统管文武官铨选。在任用层次上,有正、判、行、守、试、知、充等的区别。

（二）考课制度

宋代考课,一年一小考,三年一大考。考课标准以公勤廉惠于民者为上,干事而无廉誉、清白而无治声者为次,畏懦贪猥者为下。宋神宗时又改以"四善四最"为标准。"四善"是指德（德义有闻）、慎（清慎明著）、公（公平可称）、勤（勤恪不懈）四个方面;"四最"是:狱无冤案、赋税无扰为治事之最;农桑垦植、兴修水利为劝课之最;驱除盗贼、民获安居为镇防之最;赈济困穷、不致流移为抚养之最。按官吏"善最"多少评定三等考绩:四善一最或三善二最为上,一最一善或无最二善为中,善最皆无为下。这一套标准使用到南宋中期。孝宗时,将其简化为臧、平、否三等:治绩显著为臧,无功无过为平,贪刻庸碌为否。

辽金元也有相应的考课制度。金人初以"四善十七最"为标准考课官吏,考课成绩分上、中、下三等,以定升降。后又有"辟举县令法",从田野垦辟、户口增加、赋税均平、盗贼驱息、军民和睦、狱讼减少,六个方面考课县令。考课成绩分上、中、下三等。上等升官一级,中等不升不降,下等降一级。六条考核全不合格者罢免。元朝考课,地方官先自我鉴定,然后上级审查,定其殿最。每三十个月一考。京官大体上一考升一级,地方官两考升一级。考查后为殿者,则推迟升级或不予升级。

（三）奖惩制度

宋代根据考课情况定奖惩。一般情况下，文官三年一升，武职五年一迁。考绩特别优异者破格重用，反之则连降几级甚至削职为民。对贪官污吏，宋代另有"黜革"之法，规定凡犯赃罪者，文官七年、武官十年才能升迁，严重者不仅不予升迁，而且予以免职、流放。

辽、金、元朝考课之后，也往往辅以奖惩。

（四）等级制度

宋代爵制有十二级，最高的为王，其后有郡王、国公、郡公等，最低者为开国男。他们构成宋代的特权阶层。宋代文官仍分九品十八级，即自一品至九品，各分正从，共为十八级。宋代没有实际职务的文职散官有阶位之分，共有 29 级。元丰改制，定阶 25 级，后又增至 37 级。

金朝官吏品级，也是九品十八级。此外，还有文武散官阶、勋阶、内侍阶、爵位等众多的等级阶差。

元朝官吏也分九品十八级四十二阶，同时又有八等爵制。

（五）俸禄制度

1. 宋代俸禄制度

宋代官员俸禄丰厚。与汉代相比，官俸有近 10 倍之增；与唐代相比，也有 2—6 倍之增。俸禄内容多样，有禄粟、俸钱、帛料等。宋代官吏还可役使仆人，如宰相可以役使仆人 70 人，每人均可以享受规定的衣粮布帛等。宋代职事官还另有"职钱"，即职务津贴。宋代地方官吏还可领取"职田"。宋代还创立了"祠禄之制"，即由国家在风景名胜之区建宫筑祠，让少数年迈体弱的达官显宦前往任其虚职，以休养或养病，但其俸禄约是原职的一半。后世的高干休（疗）养制度与此颇为相似。

2. 金元俸禄制度

金代官吏的禄粟与俸钱数额一致，如正二品禄粟 150 石，俸钱 150

贯;从九品禄粟 11 石,俸钱 11 贯。经推算,一名从九品官员的俸禄可以养活 10 人,堪称优厚。

元朝官俸基本上以官品等级为基准,每品分上中下三等,共 54 等,官俸主要以银钞支付。

（六）休假制度

宋制,官吏可以享受丧假、旬假、病假。

金代官吏还有省亲假,即探望年迈父母,假期最长 50 天。

元朝官吏享受三种假期:一是例假,即每年七月十五、十月一日、立春、端午、立秋、重阳、旬日各休息一天。二是病假,时间不超过 100 天。三是丧假,一般为 20 天。

（七）致仕制度

宋代文官年满 70 岁必须致仕,武臣可以延长 10 岁。宋代鼓励提前致仕,官员致仕后,仍可加衔晋级,参与朝政,处于"半退休"状态。从宋真宗起,职事官致仕后,享受半俸;个别有功之臣蒙天子特恩可给予全俸。官吏退休时,皆升转一官。

金代职官 70 岁致仕,一律享受半俸。

元代职官一般 70 岁致仕,但一些技术部门的官吏则不受此限。官吏一旦致仕,多数可以享受半俸,少数高级官吏如丞相、翰林学士等可以享受全

元朝差吏俑

俸,有的还赐给数量不等的金钱或住房。

六、明清职官制度

明清时期,中国古代的职官管理制度趋于完备化。

(一)任用制度

明代官吏任命,文归吏部,武归兵部。任命方式主要授予皇帝的封任命令"诰""敕"。清朝官员任用有除班(初次任命)、补班(复职补缺)、转班(品级相同而转职)、改班(改官署任职)、调班(期满而调任)、升班(提升任用)等任用方式,还有试用、兼职、代理、加衔、额外任用、革职留任等规定。此外,还创设"官缺制",即被授予官位的人往往只是得到一张任职"执照",有了任职资格,而要得到实职,必须通过"候选"或"候补"等候补缺。

(二)考课制度

明代考课,三年一小考,六年一中考,九年一大考。考课结果分为称职、平常、不称职三等,以定升降。明代对守职不太正常的官吏的考核称为考察。考察内容主要看是否存在以下八种不正常状况:贪(贪污受贿)、酷(为政酷烈,为民所恨)、浮躁(轻浮急躁,好大喜功)、不及(不称职)、老(年事已高,力所难及)、病(身患重病,影响守职)、罢软(软弱涣散)、不谨(作风松松垮垮)。有八条之嫌者属淘汰之列。

清代官吏考课分为"京察"(对京官的考课)和"大计"(对地方官吏的考课)两种,三年一次。考课标准是"四格八法"。四格是才(知识、才干)、守(品德、操守)、政(政绩、治行)、年(年龄、资历);八法即贪酷、罢软、无为、不谨、年老、有疾、浮躁和才力不及等八种淘汰标准。用四格综合考查,将官吏分为称职、勤职、供职三等,以定升降。除了正常的三等考绩外,清代另选卓异者予以重奖。

明代乌纱帽

清代官帽（帽上的花翎是区别品级的标志。花翎可赏戴也可摘除，说明考绩与黜陟已构成一个互补的整体）

（三）奖惩制度

明代考课称职者，一般都给予加阶、升秩的奖励；考课为平常者，原则上不升不降；考课不称职者，或降二等，或降三等，有过失罪者贬为杂职人员。对涉嫌"八条"者，另有相应的惩罚办法，即老病者令其致仕，浮躁、不及者降其官级或调离，罢软、不谨者闲置不用，贪酷者削职为民。清朝奖惩制度大体上因袭明朝，但也有一些创新。如对贪官污吏，除轻微者按"八法"中的第一条处置外，对贪赃十两以上者处以极刑。

（四）等级制度

明朝皇室有亲王、郡王二等爵位；功臣有公、侯、伯、子、男五等爵位，均可世袭。清代宗室爵位初期统称贝勒，乾隆以后定十四等爵。功臣封爵分为九等。明清官吏沿用九品十八级制，不入品者称未入流。

清代官服上的图案（文官一品为仙鹤，武官一品为麒麟）

（五）俸禄制度

明洪武二十五年（1392年）规定，正一品官月俸米87石，以下依次递减，至从九品只有5石。明仁宗时每石按25贯钞的价格折算，全部发放俸钞。然而，明中期以后，米价越来越贵，钱钞越来越贬值。若以银计算米价,4 石米值银一两。正一品每月禄米 87 石,折银 22 两不足。正七品官每月禄米 7.5 石,折银不到 2 两,还不够养活一家。

清朝一品官每年俸银 180 两,禄米 90 石,恩俸 270 两。从九品俸银 31 两,禄米 15 石,恩俸 46 两。康熙末年,地方官吏以征收"火耗"(碎银加工成银锭时的折耗)为名,肆意中饱私囊,成了官场中公开的陋习。为革除此弊,雍正时将官员征收的火耗银归公,另外发给地方官"养廉银",以为官俸的补贴。不过,养廉银并没有达到养廉的目的。

(六)休假制度

明清官吏享有一定的休假待遇,主要有:(1) 病假,最长不超过六个月。(2) 丧假,一般不超过一年。(3) 事假,一般不超过四个月。

(七)致仕制度

明清两朝将官吏退休年龄提前 10 年,即一般到 60 岁必须致仕。此制比较合乎实际,故相沿至今。致仕后可以享受加官进级、半俸、额外补助、护送回籍、冠戴致仕等待遇。

(八)抚恤制度

明清官吏因公殉职或致仕后老病而死,政府给予抚恤,以慰藉死者家属和在职官吏。明清抚恤制度主要有:(1)增衔赐谥,给予荣誉称号;(2)对死于他乡的官吏,政府派专车或专船送归治丧;(3)特恩赏赐,赠送一些财物或银两;(4)慰问眷属,如清代官员死后,其妻可按丈夫的品级领取一半俸禄,直至其妻死去为止;(5)对阵亡、因公殉职者,按级别录用其子弟一人做官或进国子监学习,修习期满酌情授官。

第五章　行政监察

在中国古代,监察制度颇受重视。这项制度主要从精心构筑监察网络、充实完善监察立法、谨慎挑选监察官吏等方面入手,充分发挥监察制度的重要作用。

一、监察网络的精心构筑

在历代政府机构中,监察机构一直占有重要的地位,如秦御史大夫位列三公,明御史台为国家三大府之一。监察网络的精心构筑是监察职能得以发挥作用的关键因素之一。

(一)秦朝监察网络的初建

御史之名始见于西周,春秋战国时期发展成为史官,诸侯会盟多有御史巡行。在有名的渑池之会上,秦王和赵王均带有史官御史。

秦朝正式建立了从中央至地方的监察网络。在中央,设御史大夫居监察机关首长地位,与丞相、太尉并列"三公"。其基本职责是"典正法度""举劾非法",甚至弹劾丞相。在地方,由御史大夫委派监察史(即郡监)对郡县文武百官进行监督,并负责向中央提供郡县长吏的为政情况。郡监只向中央负责,不受郡守统辖。

(二)汉代监察网络的发展

汉代监察网络的主干是御史府,结构上分为中央与地方两级。在中央,"置御史大夫,位次丞相,典正法度,以职相参,总领百官,上下相监临"(《汉书·朱博传》)。御史大夫位列三公,御史大夫下设御史丞和御史中丞。御史丞内领御史30人,司掌一般官吏的监察。御史中丞"内领侍御史十五人,受公卿奏事,举劾案章"(《通典·职官六》)。

在地方,汉武帝分全国为十三部监察区,各部派刺史1人,称部刺史,秩六百石隶属于御史台。所谓刺史,即刺举不法之使者。各部刺史根据汉武帝手订"六条"对所属郡国实行监察。

西汉末年,御史大夫改称大司空,不再管理监察事宜,御史中丞上升为御史台长官。御史台的出现,标志着中国古代国家专门的监察机构的独立,这对强化监察是十分有益的。

为牵制御史台,元狩五年(公元前118年)汉武帝又设司直,隶属于丞相府,掌察天下郡国官吏,无论贵戚、近臣,上至副丞相、下至郡县百官,都在其监察范围之内,权力很大。

司隶校尉设于汉武帝征和元年(公元前92年),负责对京官的法律监督,同时负责监察京畿附近的三辅(京兆尹、左冯翊、右扶风)、三河(河内、河南、河东三郡)与弘农郡的法纪。司隶校尉直属于皇帝而不受其他机构与官员的节制,对三公以下的百官,不论尊卑贵贱,无所不察,具有极高的权威性。

湖北襄阳古隆中"三顾堂"

总之,御史台、司直、司隶校尉三管齐下,又相互监察,将皇帝之下的所有官员包括所有监察官员都置于监察网络的有效监察之下,从而大大强化了监察的职能。

魏晋南北朝时期,监察网络基本上沿袭汉代的御史建置。

(三)唐宋一台三院制网络的确立

在结束了魏晋南北朝数百年的分裂割据局面以后,统一的隋帝国为整肃吏治,开始重新构筑更加有效的监察网络。在中央,隋文帝设置了御史台,以御史大夫为其长官,另设御史中丞 2 人,侍御史 8 人,殿内侍御史 12 人,监察御史 12 人。大业中,隋炀帝又增置司隶、谒者二台,同御史台共为监察机构。

唐王朝在隋朝监察机构的基础上,逐渐形成了一台三

唐代名相狄仁杰像
(狄仁杰在唐高宗时被拔为"侍御史",属监察官员)

院制的监察网络。所谓一台三院,即御史台及其所辖台院、殿院和察院。御史台是最高监察机关,"掌持邦国刑典,以肃正朝廷"(《旧唐书·职官志三》)。台院是御史台的基本组成部分,职掌纠弹非法,参与司法审判,承办台内事务和分判台事及进宫接旨、奏事以及出巡地方,举正不法。殿院主要纠察殿廷仪卫及京城官吏,弹劾朝会盛典中的失礼者。察院主要负责巡察地方吏治。唐以"道"为监察区,太宗贞观初分全国为 10 道,玄宗开元时增加到 15 道。每道设监察御史 1 人,分巡地方,称为巡察使,或称为按察使、黜陟使等。

宋承唐制,仍为一台三院体系。御史台以御史中丞为台长,总判台事。下设台院、殿院和察院。宋朝御史台累计才 12 人,较汉唐还要精干。

宋代地方监察机构架床叠屋,层层设置。路级行政机构设有监察官走马承受 1 人,州级行政机构设监察官通判。通判与知州分掌行政,又专管监察,有"监州"之称。宋代地方尚有专门的狱讼监察官——提刑司检法官,各路 1—2 人。此外,还有专门的财赋监察官——转运使。

(四)独具特色的辽、金、元监察网络

辽官分南北两院。南院之御史台为中央监察机关,地方监察机关则有五京处置使、中京按问使、方州观察使,临时派遣者则有分决滞狱使、采访使、按察诸道刑狱使等。

金御史台设御史大夫 1 人为其长,下设御史中丞等官,名额不等。御史台之外,中央独立的监察系统尚有"三院",即登闻检院、登闻鼓院和审官院。

元朝除在中央设御史台外,还发展了金朝的"行台"之制,在地方设"行御史台",作为御史台的派出机构,下辖 22 道肃政廉访司。这是监察机构设置上的一个创造。

(五)明清院(台)科道监察网络的完善

明清监察网络重重叠叠,设置之严密,达到了中国古代社会的顶峰。

明朝中央监察机关是都察院和六科给事中。都察院主要负责纠察内外百司之官邪,但在实际工作中,又往往侧重于监察地方吏治。对中央官吏的监察重任主要由六科给事中承担。所谓"六科"即吏、户、礼、兵、刑、工六科,与六部相对应。六科以六部为监察对象,从而有力地钳制了地位和职权都已提高了的六部,同时也分化了都察院的监督权力,以利皇帝操纵。

明朝覆盖地方的监察网有三道。第一道是各省三大机关之一的提刑按察使司系统,主要执掌"一省刑名按劾之事"(《明史·职官志四》)。第二道是隶属于都察院的十三道监察御史系统,监察御史奉敕巡按地方,大事奏裁,小事立断。第三道是总督、巡抚系统。每逢大灾、边患等重大情事,明朝皇帝常常派遣重臣、心腹前往监察。明朝后期,巡抚、总督逐渐演化为地方最高军政长官。

[明]监察御史王抒的腰牌

总之,明朝监察得到了强化,从中央直属机关到地方省府州县,从司法到军队,从内阁到台省,所有的官僚机构和所有的官吏人等(包括监察官本身)都毫无例外地处于这张巨网的覆盖之下,其严密程度堪称空前。

清代监察机构与明一脉相承,大同而小异,不再赘述。

二、监察立法的充实完善

建立一套防止腐败的监察机构固属十分必要,但监察机构在对非法行为进行弹劾时还得有一个客观标准,否则极易出现是非颠倒、高下随心的可怕事情,这样非但达不到澄清吏治的目标,反而会乱上添乱,加剧危机。因此,监察立法便提上了重要日程,并在反复实践中日益充实和完善。

（一）监察立法的创立

汉代以前,监察立法处于创立阶段。西周有纠察令,秦朝有《语书》。至汉代,中国古代的监察法规基本上建立起来,其标志就是《监御史九条》和《刺史六条》的颁布实施。

《监御史九条》又称《御史九法》,始定于汉惠帝三年(公元前 192年)。这九条是"词讼、盗贼、铸伪钱、狱不直、徭赋不平、吏不廉、吏苛刻、逾侈及弩力十石以上,作非所当服"。

汉武帝元封五年(公元前 106 年),特将全国分为十三个监察区,设十三刺史部,刺史以汉武帝手订"六条"法规监察郡国豪宗强党。这六条法规具体监察的内容是:"一条,强宗豪右,田宅逾制,以强凌弱,以众暴寡;二条,二千石不奉诏书,遵承典制,背公向私,旁诏守利,侵渔百姓,聚敛为奸;三条,二千石不恤疑狱,风厉杀人,怒则任刑,喜则淫赏,烦扰刻暴,剥截黎元,为百姓所疾,山崩石裂,妖祥讹言;四条,二千石选署不平,苟阿所爱,蔽贤宠顽;五条,二千石子弟恃怙荣势,请托所监;六条,二千石违公下比,阿附豪强,通行货赂,割损正令。"(《汉书·百官公聊表》注引《汉官典职仪》)从此,《刺史六条》成为汉代基本的监察法规。

（二）监察立法的初步发展

魏晋南北朝时期,监察立法在汉代的基础上继续发展。主要法规有:曹魏的《六条察吏》,晋代的《中正六条举淹滞》《五条律察郡国》和《察长吏八条》,西魏的《六条诏书》和北周的《诏制九条》。由于时值纷乱动荡之秋,不少监规并未严格施行。

（三）监察立法的进一步发展

隋唐时期，监察立法进一步发展，隋有《司隶六条察郡》，唐有《监察六事》。

《司隶六条察郡》的主要内容是：(1) 察品官以上理政能否；(2) 察官人贪残害政；(3) 察豪强奸猾侵害下人，及田宅逾制、官司不能禁止者；(4) 察水旱虫灾不以实言，枉征赋役及无灾妄蠲免者；(5) 察部内贼盗不能穷逐，隐而不申者；(6) 察德行孝悌才异行隐不贡者。

《监察六事》，作为监察官吏的工作要求："其一，察官人善恶。其二，察户口流散，籍账隐没，赋役不均。其三，察农桑不勤，仓库减耗。其四，察妖滑盗贼，不事生业，为私蠹害。其五，察德行孝悌，茂才异等，藏器晦迹，应时用者。其六，察黠吏豪宗，兼并纵暴，贫弱冤苦不能自申者。"（《唐六典》卷一三）

（四）监察立法的强化

宋元时期的监察立法呈现出强化的趋势。

宋朝监察法规在《庆元条法事类》残卷《职制敕》《职制令》中有比较集中的记载。宋代《诸路监司互察法》内容巨细，超过了以往任何一个王朝。

元朝监察法规详备，主要有御史台的《宪台格例》，行御史台的《行台体察等例》，提刑按察司的《察司体察等例》《察司合察事理》《禁治察司等例》，廉访司的《合行条例》等。《宪台格例》凡"定台纲三十六条"，内容丰富。御史台有权弹劾包括中书省、枢密院在内的所有官吏的一切非法行为。

（五）监察立法的完备化

明清时期，中国封建社会的监察立法已臻于完备化。仅明朝即有《宪纲条例》《纠察官邪规定》《责任条例》《出巡事宜》《巡抚六察》《监官遵守条例》《监纪九条》《满日造报册式》等等法规。清朝则有宏规巨制

《钦定台规》的颁布实行。《钦定台规》上承明代《宪纲条例》,是结合当时实际情况而创立的中国封建社会最完备的一部监察法典,是汉、唐"六条",元明条例之集大成者,颁行后在世界上引起了轰动。

三、监察御史的特别选用

御史号称风宪官、清望官、治官之官,为君主之耳目,其选拔有着特定的标准。

（一）遴选御史的特定标准

担任御史之职者,历来要求德才兼备,德足以为百僚之表率,才足以通古今之治道。

1. 德的要求

除了所有官吏所必须具有的忠于国家,忠于君主之德外,还特别强调"清谨介直"。因为"清则无私,谨则无忽,介直则敢言"（《明会要》卷三三）。

中国古代以清谨介直作为遴选御史的品德标准,造就了一批风骨凛然的铁面御史,如汉之江充、薛宣,唐之韦思谦、魏征,宋之刘温叟、唐介,元之千奴、姚天福,明之海瑞、韩宜可,清之李慎修等。唐朝监察御史韦思谦,在高宗永徽年间弹劾中书令褚遂良低价强买他人住宅,褚因此被罢为同州刺史。后褚遂良恢复相位,报复韦思谦,将其贬为清水县令。但韦思谦毫不后悔地表示:"吾狂

海瑞像

鄙之性,假以雄权,触机便发,固宜为身灾也。大丈夫当正色之地,必明目张胆以报国恩,终不能为碌碌之臣保妻子耳。"(《旧唐书·韦思谦传》)充分表现了宁为玉碎,不为瓦全的狷直性格。

明朝海瑞在万历年间任南京都察院右佥都御史,巡抚应天十府,刚直不挠,名闻四海,十府属吏多所畏惮,那些贪官污吏或自免去职,或减舆从,格外韬略,有的甚至逃窜到别的府县躲藏起来。

2. 才的要求

才包括学识与实践经验两个方面。

学识即从事监察工作所必备的专门知识。在历史上,汉初的御史大夫多由精通刑名者为之。因为御史大夫本身就是"法吏",主要职责即在于根据国家法令,监察朝野百官与国家各级机构的活动,不明法规律条,就无法胜任愉快。自汉武帝采纳董仲舒"罢黜百家,独尊儒术"建议后,汉代任御史大夫者渐有以通儒术为主的趋势。如儿宽、魏相、萧望之、贡禹、韦玄成、匡衡、孔光等,都是明法通经的御史大夫。隋唐以后,御史多以进士出身且兼通法律者充任。

经验是指在实际工作中积累起来的为政知识和处理问题的谋略、方法和原则等。历代统治者大多比较重视从有实际政治经验和治绩突出的地方官吏中选拔监察官员。汉代,凡郡守国相政绩突出,治理有方,可从地方官升迁为中央官,即京官,然后再从京官中选拔御史大夫。唐宋一般以曾任知县或通判者为监察御史。明朝规定:"初仕者不许铨除风宪",一般"科考出身历任三年者,不限内外,通选御史"(《明会要》卷三三)。清初,初任监察御史者,也须试职一年,试用称职,方准实授。

(二)任用御史的权威原则

专制主义制度从来是与恐怖方法联系在一起的。这种恐怖方式运用到整饬吏治上,就体现为通过各种手段提高治官之官御史震肃百僚的权威。从历史的事实看,御史为君主耳目之臣,职司风宪,虽然品秩不高,但实际地位却很让人仰慕。纵观中国古代提高御史权威的手法,概要说来,主要有以下几种:

1. 君主直接掌握御史任用大权

汉代,御史多由丞相选任,但皇帝因事任人,临时差委御史者也不少。唐宋以后御史的任用权逐渐收归皇帝。君主直接掌握御史的任用大权,既加强了对监察工作的控制,又提高了监察官吏的权威,使御史完全站在君主一边,帮助君主监督文武百官。

御史的任用权既操之于君主,因而其提升也快。汉制,御史一般3年即升,特殊者重用。唐制,一般官员经过四考之后,才能迁转他官,而监察御史通常只有25个月,侍御史为12个月。一般而言,中央御史台长官多升为宰相,贞观年间的几个宰相,多由御史台长官提拔而来。

2. 盛张御史出行威仪

御史戴有专门的法冠。相传秦始皇当年统一中国,南下灭楚时,发现楚王冠酷似獬豸(一种能辨识忠奸曲直,会顶理亏者的异兽),于是就将楚王冠"赐御史"(《秦会要订补》卷一四),表示对贪残不法之徒即可抵触。从此,獬豸冠成为御史执行公务时的法冠。

东汉时,御史中丞"执宪中司","朝会独坐"者,仅御史中丞、尚书令和司隶校尉,号称"三独坐"。御史中丞上朝威武其势,平时过街走巷也有"中丞专道",中丞外出,百官都得"停驻"或"回避"。

南北朝时期,御史官威仪更盛。北魏御史中丞外出,离他千步之遥的人就要自动让路,文武大臣在路上与其相遇,必须下马停车。南朝各国亦有"中丞专道"的惯例。有时还通过悬挂画像的办法树立御史的权威,如南朝梁初,张缅为御史中丞,号为"劲直",梁武帝请画工画其像于台省,以励当官。(《梁书·张缅传》)

南京明孝陵前神道上的獬豸石像

唐代，"御史衔命出使，不能动摇山岳，震慑州县，诚旷职耳。"（《册府元龟》卷五百一十五《宪官部》）御史在地方往往是"州县祗迎，相望道路，牧宰祗侯，僮仆不若"，竭尽威风之能事。

明代都御史绯衣入朝，必有纠举，大臣莫不股栗。御史出巡地方，更是威风凛凛，所到之处，各府、州、县地方官要迎跪于道旁，如若遇风雨天气，即使是知府也陷膝于淤泥之中。甚至连掌管一省的最高行政长官布政使等，会见御史时也是俯首至膝，名义上说是拱手，实际上是屈伏如跪拜。

3. 赋予御史独立行使监察的权力

所谓独立行使监察，又称独立弹事，是指御史从消息的搜集、整理，到案情的调查、分析，奏章的草拟、进呈，可以采取完全超然的独立立场，直接对皇帝负责，而不受御史台长官的干涉和牵制，所有的御史都拥有独立行使弹事的权力。古人所谓"台官无长官",就是指此而言。如秦汉时期的御史大夫,只负责御史本身有无违法,有无弹劾程序上的不当,而对御史弹劾案的内容则无权过目,无权干涉。清代"御史言事,不先白台长"(王士禛《香祖笔记》卷四),独立行使职权的原则不变。

历代统治者赋予御史独立行使监察的权威,大大减少了中间环节,减少了掣肘和壅阻的可能,有力地加强了对包括御史在内的所有官吏的监察和控制。

4. 允许御史风闻弹奏甚至便宜行事

所谓风闻弹奏,顾名思义是指御史不一定要掌握确凿的事实根据,仅凭道听途说即可弹劾百官,即使错了也不负责任。允许御史风闻弹奏,反映了御史特殊的职权与地位。御史这一权力,有时连皇帝也不得干预。

风闻弹奏始自东晋,唐代以后渐趋周全。《通典·职官六》有一段简洁明白的描述:"旧例,御史台不受诉讼,有通词状者,立于台门候御史,御史竟往门外收采,如可弹者,略其姓名,皆云风闻访知。"可见,"风闻弹奏"并不是毫无事实根据的捕风捉影,而是以一定的事实根据为基础的。宋代御史"许以风闻,而无官长,风采所系,不问尊卑"(《宋史·苏轼传》),风闻言事之制昌行。"风闻弹奏"有助于御史放胆行使惩恶治腐的职能,有助于检举者放胆行使举报权,有助于维系广泛的信息来源。

便宜行事,即御史对有关监察事项,可根据具体情况,自行处理,而不必请示,或者先处理再上报,这也就是通常所说的"先斩后奏"。便宜行事是御史巡按地方时的一大权力,如汉代刺史可以直接拘捕二千石长吏,明代巡按"代天子巡狩","小事立断,大事奏弹"。历代监察御史行使便宜行事权力,勇诛贪残而后上呈天子并受嘉奖者不在少数。御史便宜行事,加之风闻弹奏,均是提高御史权威的有力措施。

5. 实施秩卑权重赏厚的巧妙设计

秩卑指御史的官品一般较低,权重指御史权力颇大,赏厚则是说御史在督察百僚时只要尽心尽职,就可以得到较为优厚的奖赏。从法家思想中演化出来的秩卑、权重、赏厚的巧妙设计,不仅一直是推动御史勤奋工作,发挥监察功能的动力源泉之一,而且也是树立御史权威的有效手段。

汉代,除御史大夫为秩二千石的上卿外,其余无不卑秩,中央监察官御史中丞不过千石,侍御史、御史及地方部刺史更低,只有六百石,相当于一般小县的县长。但是,尽管品秩很低,权力却很重。侍御史能整肃朝纲,御史能弹劾一般官吏,部刺史则能监察二千石的郡守国相,而且还可晋见皇帝,面奏地方情势,为公卿百官所敬惮。权重之外,尚饵之以厚赏。有了厚赏,御史才会为自己的利益,不惜得罪权贵,从而起到整饬吏治的作用。汉代,部刺史如果弹劾了郡守国相,那么原则上自己可以取而代之,御史大夫位在九卿之上,丞相之下,一旦弹劾了丞相,也可取而代之。御史大夫之于丞相,犹如部刺史之于郡国相,他们面对着高官厚禄,锦绣前程,所以能激昂奋发,竞相纠弹,成则可获厚赏而升秩,不成也可让奸邪曝光,自己还可以因此而名震天下。汉代部刺史所以成绩突出,就是因为"秩卑而赏厚",因此,"咸劝功乐进"(《汉书·朱博传》)。

明代监察御史仍维持七品官秩,但却可以弹劾宰相、六部,权力颇大,还可以超拔为按察史(正三品),奖赏不薄。明代御史虽常有被贬、鞭策、下狱、谪边乃至赐死之祸,但彼等仍义无反顾,不避刀斧,乐行其职权,因而其清严威重为其他官所不及。

第六章 赋税徭役

赋税徭役是国家依靠强力向民众无偿征发的用以维持国家机器运转的物质基础,具有强制性、无偿性和固定性三个特点。中国古代税收有三种基本形式:劳役形式、实物形式和货币形式。在奴隶社会和封建社会前期,由于商品货币经济不发达,因而劳役形式和实物形式是国家税收的基本征收形式;封建社会后期,商品货币关系有了相当的发展,因而货币形式成为国家税收的基本征收形式。

一、中国古代的田赋

传统中国是典型的农业社会,田赋制度源远流长,其内容也相当丰富。

(一)夏商西周的田赋

1. 夏代的"贡"

夏代的田赋称为"贡"。贡有两种:一是诸侯进献的土贡,即所谓"任土作贡";二是普通百姓缴纳的田赋,即所谓"夏后氏五十而贡"。夏朝自由民每户从国家受田五十亩(约今十亩多),然后将收获物的十分之一进贡给国家。

2. 商代的"助"

商朝实行井田制度,一井之中有九块方形土地,每块70亩(约今14亩多),周围的八块分给8家耕种,中间的一块为公田,由8家共同帮助国家耕种。田赋只收公田产品。这就是所谓"殷人七十而助"(《孟子·滕文公上》)的助法。此外,地方诸侯仍需向商王进贡。

3. 西周的"彻"

在西周的井田中，每块土地为 100 亩（约今 20 多亩），一井一共 900 亩，授给八家耕种，最后以 800 亩的收获物分给 8 家，100 亩的收获物作为田赋上交给国家。由于公田不在井田中单独划出，而是作为私田授给百姓耕种，这就调动了百姓的劳动积极性，增加了国家的田赋收入。田赋之外，分封的地方诸侯按照规定也必须向国王进贡。

夏商西周三代的田赋相当沉重。尽管当时贡法在名义上的税率是"什一"制，助法和彻法也都不过是九分之一的税率，但实际征收的比例则高得惊人。

（二）春秋战国至秦汉时期的田赋

1. 春秋战国时期封建赋税制度的基本确立

西周末年，随着井田制度的瓦解和封建土地制度的产生，奴隶制的田赋制度也日趋崩溃，并为封建田赋制度所取代。

公元前 685 年，齐国相管仲提出"相地而衰征"（《国语·齐语》）的田赋新政，按土地的肥瘠好坏，实行地租的差等征收。它包含两个方面的内容：一是"均地分力"，把公田（徭役田）直接分给农户耕种（"均地"），实行一家一户的分散经营（"分力"）；二是"与之分货"（《管子·乘马》），按土地质量测定粮食产量，把一部分收获物交给土地所有者，其余部分归生产者支配。上缴部分与留下部分各占一半，即什五租率。

管仲像

公元前594年,鲁国也拉开了田赋改革的序幕,这就是著名的"初税亩",即不论公田、私田,均由国家按田亩的实数征赋,税率为亩产量的十分之一。"初税亩"实行后,原来不纳税的私田也开始承担国家赋税,大大增加了国家赋税收入,同时也承认了私田的合法性。在鲁国,按井田征收田赋的旧制度正式废除了,新生的封建土地占有关系获得了合法性。

2. 秦代的田租和口赋

(1) 田租

田租即土地税,税额占收获量的三分之二。粟米之外,还要缴纳秸秆,以满足官府对饲料、燃料和建材的需要。其具体数量是:每百亩土地要交饲草360斤,禾秆240斤。

(2) 口赋

口赋即人头税,税额也很高。

3. 汉代的田租与算赋、口赋

(1) 田租

汉代的田租就是后世的田赋,是国家向土地所有者征收的土地税,征收的对象为土地的收获物,属于收益税性质。西汉田租税率初为十五税一,后又减为三十税一,并曾一度免征。东汉田租三十而税一。田赋的课征方法,是根据民户申报的土地数量、产量,经乡啬夫评定后,求得应纳税额,再由百姓向国家缴纳。

(2) 算赋、口赋

算赋、口赋是对人课税,实际上即人头税,分别对成年人和儿童征收。

汉高祖四年(公元前203年)规定,凡年龄在15岁至60岁的成年男女,每年向国家交纳一百二十钱,称为一算,作为战备基金,购置车马兵器之用。

口赋又称口钱,是专对儿童征收的人头税。汉初规定,凡是 7 岁至 14 岁的未成年男女,每人每年交二十钱"以食天子",即作为皇室收入。汉武帝时,口赋改为 3 岁起征,并由二十钱增至二十三钱,增加的三钱用来弥补军费开支的不足。由于口赋加重,溺婴现象一度相当严重。汉宣帝时又恢复为 7 岁起征,但每人每年仍需交二十三钱。

汉代算赋、口赋于每年八月征收,先由地方官吏按户登记人口,核实年龄,编成户口簿,以为征收之据。不过,汉代的算赋、口赋也常有减免。

（三）魏晋南北朝隋唐（中叶以前）时期的田赋

从东汉末年曹操颁行租调制至唐中叶租调制瓦解,原先的人头税被新的从户税、从丁税所代替,并开始向资产税转化。

1. 曹操的租调制

建安九年（204 年）,曹操颁布租调制:"收田租亩四升,户出绢二匹、绵二斤而已,他不得擅兴发。"（《三国志·魏书·武帝纪》）"租"是田租,纳粮;"调"是户调,纳绢或布帛。"租"以亩定,"调"按户出。租调制变人头税为户税,而且数额不大,比汉代的口赋、算赋更容易征收,有利于减轻无地或少地农民的负担,同时豪强地主不得逃避租赋,也有利于增加国家的田赋收入。

2. 西晋的租调制

西晋占田制规定:男子可以占田 70 亩,女子可以占田 30 亩,但不得超过此数。16 至 60 岁的丁男要缴纳 50 亩土地的租税,丁女要缴纳 20 亩土地的租税。次丁男要缴纳 25 亩土地的租税,次丁女不交。课田的田租,约每亩 8 升。田租之外的户调征收额是:"丁男之户,岁输绢三匹,绵三斤。女及次丁男为户者半输。其诸边郡或三分之二,远者三分之一。"（《晋书·食货志》）这是户调的平均额。在实际征收时,还要按贫富分为 9 等,富户多交,贫户少交,此即所谓"九品相通"。"九品相通"制在一定程度上体现了计资征税的原则。

3. 北魏的租调制

公元 485 年,北魏孝文帝颁布均田令,将国家控制的土地分配给农民,但不得买卖。同时,一夫一妇每年缴纳帛一匹、粟二石。15 岁以上未结婚的男子四人、从事生产的奴婢 8 口、耕牛 20 头,也分别出一夫一妇之调,即每年也缴纳帛一匹、粟二石,出产麻布的地区,可以布代帛缴纳。北魏以均田制为基础,以丁夫计征的租调制具有一定的均赋意义,对于自耕农来说,户调减轻了很多。

4. 唐代的租庸调制

唐武德七年(624 年)颁布了均田制:凡男女始生为黄,4 岁为小,16 岁为中,21 岁为丁,60 岁为老。每年一造计账,三年一造户籍。丁男和中男授田一顷(百亩);老男疾病残废者授田 40 亩;寡妇 30 亩,若为户主则为 50 亩。所授民田,十分之二为世业田,子孙可以继承;十分之八为口分田,身死则归还国家。工商业者的永业田、口分田减半授给,若在人多地少的狭乡则不授。此外,和尚、道士授口分田 30 亩,尼姑、女冠授口分田 20 亩。贵族和官员授田另有规定。

在均田制的基础上,唐朝颁布了租庸调制:每丁每年缴纳粟二石,称为"租";根据乡土所产,每年缴纳绢或其他丝织品(如绫、䌷)二丈,绵三两,或布二丈四尺,麻二斤,称为"调";丁男每年服徭役 20 天,闰年加 2 天,若不服役,每天折纳绢三尺或布三尺七寸五分,称为"庸";如果政府额外加役,15 天免调,30 天租调全免。额外加役最多不能超过 30 天。

(四)唐中叶以后至明清的田赋

从唐朝中叶两税法开始,中经北宋王安石变法、明张居正一条鞭法,至清中叶地丁合一改革,中国古代赋税呈现出以资产税取代人丁

中唐时期农人耕作图（甘肃敦煌莫高窟榆林窟第 25 窟壁画）

税,以货币税取代实物税的鲜明的演变趋势。这是与当时商品经济的发展相适应的。

1. 唐朝中叶的两税法

唐朝中期以后,政府手里缺乏可以直接支配的土地,不能继续授田。均田制破坏后,失去土地的农民负担不起租庸调,被迫逃往他乡,租庸调制也无法维持了。780 年,为了解决财政上的困难,宰相杨炎推出"两税法",即按土地和财产的多少,一年分夏秋两季收税。两税法改变了过去以人丁为主的征税标准,是我国赋税制度的一大变化,同时政府的收入也增多了一些。

2. 北宋的方田均税法

北宋初年,田赋仍行两税法,但不少大地主、大官僚采取各种手段,隐瞒田产,结果使负担大部分落到穷苦百姓头上。针对赋役不均,税额锐减的情况,王安石于 1072 年果断颁布方田均税法,政府重新丈量土地,核实每户占田数量,按土地多少和肥瘠收取赋税,官僚、地主

王安石像

也不得例外。方田均税法推行了十年,查出了不少大地主、大官僚隐瞒的土地,增加了国家的田赋收入。

3.明代的"一条鞭法"

明代建国之初,田赋基本上沿袭了唐宋以来的两税法,按亩征税,分夏秋两次缴纳,分别称为"夏税""秋粮"。

为确保赋税征收,明初建立了黄册、鱼鳞册制度。户籍册一式四份,分存各级政府,以为征收赋税的依据。因为上交户部的一份封面为黄纸,所以叫"黄册"。鱼鳞册在普遍丈量的前提下,详列每块土地的面积、形状、方圆四至、土质、田主姓名,并绘制成图。因所绘的田亩形状像鱼鳞故名。鱼鳞册一式四份,分存各级政府,以为征税依据。

然而,明朝中叶以后,土地兼并愈演愈烈,大地主千方百计地隐瞒田产,逃避田赋。为了抑制土地兼并,均平赋税,张居正提出在全国清丈田地。在清丈土地的基础上,张居正于1581年又将早已在部分地区施行的一条鞭法推广到全国。"一条鞭法"将原来的田赋、徭役和杂税合并起来,折成银两,分摊在田亩上,按占有田亩的多少收税。这是我国赋役史上的一次重大改革,既增加了政府收入,又松弛了农民对封建国家的人身依附关系。不过,一条鞭法并不能阻止封建国家随时增赋加派。明朝"三饷"(辽饷、剿饷、练饷)加派即是典型。稍后的李自成以"均田免粮"相号召,终于推翻了明王朝。

4. 清代的"永不加赋""地丁合一"和"耗羡归公"

清人关后,宣布按照明朝的一条鞭法征派赋役。康熙五十一年(1712年)宣布,以康熙五十年全国丁银额为准,以后额外添丁,不再多征。康熙说这是"有益于民"的好事,故称为"盛世滋生人丁,永不加赋"(《清史稿·食货志二》)。"永不加赋"使丁银额固定下来,这是赋税发展的一大进步。

雍正初年实行"地丁合一",开始了以单一的土地标准征税,正式废除了人丁税。"地丁合一"又叫"摊丁入亩",

[清] 雍正帝像

也叫"丁随地起",即把丁银全部摊入地亩中征收。"地丁合一"制的普遍推行,标志着延续了数千年的人头税的废除。它简化了税收原则和手续,把土地多少作为收税的惟一依据,改变了赋役不均的严重情况,从而调整了封建国家、地主和自耕农三者之间的利益分配关系。

清初,还从明代继承了一种额外加征,即地丁银的耗羡,又叫"火耗"。地丁征银,在押解京城之前,必须将碎银熔销成锭,因成色不同而可能有所折耗。地方官吏在征收地丁银时即以补偿损耗为由多征银,严重加重了农民的负担。雍正继位后,下令"提耗羡,设养廉",并于雍正二年(1723年)正式实行"耗羡归公",每两地丁银火耗不得超过二钱(即耗羡征收额不得超过正额的五分之一),作为正赋税收的一部分解运户部入库。然后再从中拨给地方官吏俸禄以外的"养廉银"。提耗羡,设养廉,限制了地方官吏对火耗的任意加收,减轻了农民负担。

二、中国古代的徭役

徭役是国家通过强制手段对劳动者直接的奴役和驱使,是一种无偿的劳力征发,又称劳役,主要包括兵役和力役两种。秦及秦以前,役重于赋。汉唐以后,徭役开始向实物税及货币税转变,至清代实施"摊丁入亩"之制,将丁银并入田亩征收,终于彻底废除了几千年来压在人民头上的强迫劳役。

（一）秦及秦代以前的徭役

秦及秦以前的徭役负担极其沉重,而又以秦朝为甚。

1. 先秦的徭役

夏商两朝徭役的具体规定,史籍不见记载。不过,徭役繁重却是无疑的。西周的兵役称为军赋,包括当兵和贡纳军用物资两个方面。西周的徭役无休无止,征夫犹如旷野上的野牛,在异乡服役,受尽折磨,过着非人的生活。春秋时期,诸侯争霸,加上各国统治者大兴土木,百姓所承受的兵役和力役负担极为沉重。在齐国,"民三其力,二入于公,而衣食其一;公聚朽蠹,而三老冻馁。"(《左传》昭公三年)。不堪重役的民众常常被迫奋起抗争。战国时期,战争的规模和频繁度远远超过春秋时期,兵役和力役也比以前更加沉重。当时,各国普遍实行征兵制,征发甚滥。如秦赵长平之战,秦国东郡凡年在 15 岁以上的男子都被征发到了战场之上,而赵国投入的兵力更有 40 万之众!

2. 秦代的徭役

秦代的徭役至为繁重。《汉书·食货志》说:"至秦⋯⋯一岁力役,三十倍于古。"秦始皇统一中国后,对内大兴土木,对外穷兵黩武,造宫殿、筑长城、修驰道、开灵渠、征百越、建陵墓以及转输粮草,征用了大量的民力。据记载,秦始皇征用的民力,"北筑长城四十余万,南戍五岭五十余万,骊山、阿房役各七十余万"(《文献通考·兵一》),北击匈奴三十万,仅这几项累计征用的劳力就近300万。秦朝全国人口约2000万,每年各项兵役、力役所征调的青壮劳动力超过了总人口的15%,远远越出了农民所能承受的范围。秦律极为严酷,应役误期,要受严厉处罚,戍卒失期,则被处死。沉重的兵役、力役和残暴的统治,把千百万农民逼入绝境,强大的秦帝国也因此二世而亡。

[秦]陈胜吴广大泽乡起义图

(二)汉唐时期的徭役

汉唐时期,出现了徭役税向实物税和货币税转化的趋势。

1. 汉代的徭役

汉代徭役制度规定:凡属23岁至56岁的男子,都有服徭役的义务。汉代的劳役主要有正卒、更卒、戍卒三种。

（1）正卒

正卒即正式兵役。每个成年男子在规定的年龄里，必须服兵役一年，但是如遇特别军事需要，还要临时被征调或延长服役期限。

（2）更卒

每个成年男子在规定的年龄里，每年要在郡县服一个月的劳役，称为更卒。

（3）戍卒

每个男子一生中要到边疆屯戍一年，称为戍卒；或到京师服役称为"卫士"。此外，成年男子每年有3天到边境戍边的义务。

上述制度在执行过程中经常遭到破坏，百姓实际所服劳役往往比制度规定的重得多。

2. 魏晋南北朝时期的徭役

这一时期，军旅不息，众役繁兴，百姓的负担空前沉重，"十五从军征，八十始得归"（《汉魏六朝乐府诗·十五从军征》），并非罕见。西晋沉重的徭役使得百姓不敢娶妻生子，甚者自残肢体，以期幸免于役。南北朝的徭役更是有增无减。南朝梁、陈不仅男子服役，甚至役及妇女。

3. 隋唐时期的徭役

隋初规定，凡18至60岁的丁男，每年服力役一个月。后又将服役年龄由18岁提高到21岁，力役由每年30天减为20天。开皇十年（590年），又规定50岁以上者，可以纳布帛以代替力役。然而不久，隋炀帝复大兴徭役。为躲避徭役，农民往往自残肢体，称为"福手""福足"。

唐代租庸调制规定，凡21至60岁的丁男，每年要服役20天，闰年加2天。如果本人不亲身服役，可以纳绢或以布代役，称为"庸"。

780年，杨炎推行两税法改革，将租庸调中的"庸"和"调"全部改为以货币缴纳,从而把徭役税改成了货币税。当时著名理财家刘晏在漕运改革中,已经利用雇佣劳动代替劳役劳动,把徭役改为缴纳货币,政府再用货币雇人服役。

（三）宋元明清时期的徭役

宋代以后,中国古代徭役货币化的趋势益发明显,并最终在清代完成。

1. 宋代的徭役

唐朝两税之中已含有役金。然至宋代,两税仅为田赋,百姓还得另外负担徭役。宋代徭役有职役与杂役(临时派遣的徭役)两大类。

唐宰相杨炎像

所谓职役,即百姓到地方政府做"吏",办理地方公务,主要有主管官府财物的衙前,负责督催赋税的里正、户长、乡书手,逐捕盗贼的耆长、弓长、壮丁,传达政令文书的承符、人力、手力等。宋代职役以户等定差,称为差役制。王安石变法时一度推行免役法(又称募役法),变差役为雇役。

2. 元朝的徭役

元朝的徭役包括兵役、职役和杂泛差役三种。

元朝兵役实行军户制,辅之以募兵制。凡为兵之家,便为军户,立籍为凭,世代为兵。募兵制往往在军卒不足时实行,不是经常性制度。

元朝职役名目繁杂,主要有充当驿传、招待各路使臣,为国家邮传驿递服务的各种"站户";为官府制造军器和手工业品的"匠户";负责地方巡逻和治安的"看手""马步弓手";催办钱粮、科派杂役的"乡里正""都主首";管理村庄的"社长";保管仓库的"库子"等。

杂泛之役系临时征发的各种杂役,诸如筑城、修路、建庙、伐木、挖渠、运粮等等。

元朝亦有雇人代役的雇役制度。

3. 明朝的徭役

明朝规定,男子 16 岁成丁,开始服役,60 岁免役。劳役有三种:一是里甲之役,负责催办一里之税粮,追摄公事,传达官府命令,编排各种差役。二是均徭之役,主要是供官府役使的差役,诸如祗候、弓兵、粮长、库子、铺兵、馆夫等。三是杂泛之役,即临时派遣的徭役,如兴修水利、砍薪运料、建筑城池等等。明代徭役在特殊情况下也可以免除。张居正推行"一条鞭法"改革,将各类徭役合并到田赋之中,随田赋一起征收,并一律征银,从而把徭役税变成了按田亩征收的货币税。

4. 清代的徭役

康熙五十五年(1716 年),清朝实行"摊丁入亩"改革,将丁银(丁男向国家提供劳役的折银)全部摊入田亩征收,并明文规定纳地丁银之民,名义上不再服徭役,官有兴作,一概雇募,从而取消了几千年来压在人民头上的强迫劳役,削弱了封建国家对农民的人身控制。

三、中国古代的工商杂税

我国的奴隶社会严格实行"工商食官"制度,从生产到销售的一切活动都置于国家的统一控制之下,国家对工商业并不征税,只是在来往关卡和市场上对工商活动进行监督,这就是中国历史上传为美谈的"市廛而不税,关讥而不征"(《礼记·王制》)。据《周礼》记载,西周开始开征关市之税和山泽之税,由司关专门掌管收税事宜。

春秋时期,诸侯列国都很重视工商业,尽量减轻税收,如晋文公"轻关、易道,通商、宽农"(《国语·晋语四》);齐国一度"关市讥而不征"，即在关卡、市场等处只稽查而不征税。

战国时期，列国工商税收趋于沉重。秦国商鞅变法，为减少国家经商人数，"寓征于禁"，"重关市之赋"（《商君书·垦令》），商人经营的酒肉等非平民生活必需品，税额是其成本的十倍。

西汉初年，继续实行抑商政策，"重租税以困辱之"（《史记·平准书》）。汉武帝时，进一步加大税收力度，开征缗钱税、车船税、牲畜税等，又对盐、铁、酒等实行国家专卖。东汉对盐、铁、酒实行征税制，山川园池税也划入国家财政收入。

魏晋南北朝时期，工商税极为沉重。如三国曹魏、孙吴征过牛肉税；东晋征有估税，此为后世契税之始。

隋与唐初，实行轻税政策，盐、酒、矿冶、关市都不征税。然而"安史之乱"后，陆续开征了盐、铁、银、锡、金、铜等税。756 年，在江淮、蜀汉一带还强征富商豪贾资产的十分之二，称为"率贷"，以充军费杂用，此后逐渐由临时性的财产税转化成营业税与通过税。780 年，杨炎推行两税法，规定商人必须向所在郡县纳税，税率为三十分之一。此后又先后开征了关市税、茶税、房屋税等。

五代十国时期，工商杂税名目更是多如牛毛，如后梁有所谓收油税、牛税，甚至连瓜果蔬菜也列入征课范围。

宋代以后，商品经济日益发展，工商税收也不断增加，诸如印契税、酒税、商税、牙税、契税、头子钱、楼店钱、总制钱等。

元代各种名目的税有 32 种之多，诸如河泊课、山场课、蒲苇课、柳课、柴课、乳牛课、姜课、白药课等等，真可谓无物不课。

明朝除传统的茶、盐、酒、坑冶等税种外，又增加了一些新的工商税种。如 1425 年开征市肆门摊税，征税对象是以贩卖为主的蔬果园、塌房、库房等；1429 年开征钞关税，在沿运河和长江各要地设征税关卡，对受雇装货的过往船只征税；1471 年开征工关税，由工部派人在芜湖、荆州、杭州置抽分竹木局,对客商贩运的柴草、竹藤、木炭征税;正德年间(1506—1521年)开征门税,对通过京城九门者征税;1566年开征过坝税,对通过淮安坝的米麦杂粮征税。万历年间,政府派出许多宦官担任矿监,到处以"勘矿"、"开矿"为名,搜括钱财。随后又在各大城市设立税监,对工商业者大肆掠夺。当时矿监、税监的横暴十分惊人。他们指着人家的房屋说,这里有矿,"则家立破",指着某人说,他漏税,"则囊立尽",以至"公私骚然,脂膏殆竭"(《明史·田大益传》),"三家之村,鸡犬恶尽;五都之市,丝粟皆空"(《明史·王宗沐传》)。这批矿税监放出五六年后,全国"如沸鼎同煎,无一片安乐之地。贫富尽倾,农商交困"(《明神宗实录》卷三七六)。重税迫使大批工商户破产倒闭,如山东临清32家缎店,有21家倒闭;布店73家,有45家破产。

清朝康熙、乾隆时期,禁革了明朝的一些税额,商税也曾一度有所减轻。但以后加额日繁,除了前朝各种旧税之外,又增添了不少新税,诸如对各地城镇集市交易物品所征的落地税,向当铺所征的当税,还有各种临时加征的车税、花捐、灯捐、妓捐等等,不一而足。

第七章　军事法律

军事和法律是维持统治秩序的重要条件,是国家上层建筑的主要组成部分。为了强化军事和法律的镇压职能,中国古代在漫长的历史岁月中,逐渐形成了严密而完备的军事制度和法律制度。

一、军事制度

我国历史上,军队随着奴隶制国家夏王朝的产生而开始出现,并得到迅速发展,中国古代军事制度也由原始向高级的形态发展。

(一)先秦军事制度

先秦是我国古代军事制度形成和初步发展的时期。不过,由于年代久远,资料缺乏,我们只能粗略地了解这一时期军事制度的概况。

夏朝建立了一支由夏王掌握的"以铜为兵"、以步兵为主的精锐部队,原始形态的军事制度也随之产生。

商朝军队由王室军队、诸侯国军队和贵族武装三部分组成,编制有"师""旅""行"等。步兵和车兵分别编组,协同作战。战车一般由两匹马驾挽,车上有甲士 3 人,居中者架车,居左者持弓,居右者握戈。车下还配备有若干步行徒役。兵器主要有战车、弓箭、戈、矛、斧、头盔、铠甲等。

西周周天子直辖的军队有宗周六师和成周八师。军队的编制是:5 人为伍,5 伍(25 人)为两,4 两(100 人)为卒,5 卒(500 人)为旅,5 旅(2500 人)为师,5 师为军,每军 12500 人。诸侯国也有军队,一般是"大国三军,次国二军,小国一军"(《周礼·夏官·司马》)。诸侯国的军队听从周天子的统一调度。中央设大司马,协助周天子管理军队事

一车四马的战国战车（复原模型）

务,以下逐级设立司马、都司马、家司马。西周军队以战车为主,每车有甲士10人,徒兵20人,称为"一乘"。军事演习一般在农闲时通过狩猎方式进行,春季称为"蒐",夏季称为"苗",秋季称为"狝",冬季称为"狩",而以冬狩规模最大,有"三时务农而一时讲武"之说。西周开始实行征兵制,征兵对象为平民,"野人"(广大农耕奴隶)不能服兵役,国野界限十分清楚。

春秋时期各国常备军的编制以战车为核心,车步合同编组,以乘为基本编制单位。各国常备军多数编为左、中、右或上、中、下三军。服兵役的范围从"国人"扩大到由庶人转化而来的农民。

战国时期,各国国君统一掌握军队的征调大权,国君之下设立独立的军事系统,以将(或称将军、上将军、大将军、上柱国)为其长,将以下则设有左司马、都尉等。郡则设有郡尉。各级军官只有带兵之权,没有调兵之权。调动军队,必须有国君的"虎符"为证。战国时期步兵是主要兵种。当时步兵通常称为"带甲",其编制 5 人为伍,50 人为小戎,100 人为卒,2000 人为旅,10000 人为军。骑兵在战国时期已经成为独立的兵种,赵武灵王实行"胡服骑射",组建了中原地区第一支骑兵部队。战国时期,吴、越、楚、齐、秦等国都建立了强大的舟师。秦舟船较大,一艘船能载 50 人和 3 个月的粮食,日行 300 余里。公元前280 年,秦将司马错伐楚,率 10 万军队,乘船万艘,载米 600 斛,沿江而下,声势浩大。

(二)秦汉军事制度

秦汉时期,以军权高度集中和军队高度统一为主要特征的封建军事制度逐渐形成。

1. 秦朝军事制度

在秦朝,皇帝是军队的最高统帅。皇帝之下,中央设太尉统管全国军事,地方则设郡尉、县尉、乡游徼。军队以步兵为主,同时还有强大的骑兵和水师。秦朝实行征兵制,男子 17 至 60 岁必须服兵役 2 年,郡县设专门官吏负责征兵和训练。秦朝还修筑了直道、驰道和五尺道等军用道路,并在这些道路沿线建立了大量的亭、烽燧和邮驿等设施,形成一套较为完备的军事通讯制度。

2. 汉代军事制度

汉朝军队的最高统帅权仍然操纵于皇帝之手,其下设有太尉、郎中令、卫尉、中尉等官。太尉在汉初为最高军事行政长官,汉武帝时改为大司马,而以大将军代替太尉执掌军队,郎中令负责宫廷守卫,卫尉负责殿外宫墙内的守卫,中卫负责京城守卫,后改称执金吾。部队有步兵(材官)、骑兵(骑士)、车兵(车士)、水军(楼船士),而以步兵、骑兵为主力。统兵将领有大将军、骠骑将军、车骑将军、卫将军及前、后、左、右将军,将军下则有将或别将。汉代还有地方上的郡国兵,由郡太守或诸侯王直接掌握,但不能任意发兵,只有皇帝遣使下诏时才能发兵,否则就是谋反死罪。汉初实行征兵制,凡男子 23 至 56 岁都要服兵役 2 年。东汉以后,募兵制得到全面推行。在募兵制下,地方豪强四处募兵,拥兵割据,各州郡长官也极力扩充军队,终于形成了东汉末年的割据局面,东汉也因此而亡。

(三)魏晋南北朝军事制度

魏晋南北朝时期,军阀割据,战乱频繁,各王朝都建立了庞大的军队,军事制度也发生了巨大的变化。

1. 中外军制度

魏晋和南朝军队大致分为中央军和地方军。中央军按驻屯地点和担负的任务不同又有中军和外军之别,形成中外军体制。所谓中军,是指禁卫京师以及屯戍京畿的军队,其名号、建制各朝多有改易。所谓外军,是指屯驻于要冲重镇,负责随时支援边郡的部队。中外军的最高统帅由皇帝任命的都督中外诸军事担任。

2. 州郡兵的设置

州郡兵即地方兵,始置于建安后期曹操当政之时。北魏还在边境要冲建有军镇,其主要任务是防守边疆,制止外敌的武装入侵。后来,内地也设军镇以镇压人民。镇兵长期戍守边疆和镇抚地方,兵将众多。

3. 兵役制度

魏晋南北朝时期的兵役制度主要有募兵制、世兵制和府兵制。

世兵制:亦称世袭兵役制,是由一部分人户专服兵役、世代为兵,以保证统治阶级政治需要的一种兵役制度。

募兵制:即以雇佣形式招募破产农民当兵的制度。东晋以后,募兵所占比重越来越大,地位越来越重要,著名的北府兵就是由招募组

南朝画像砖上的军人图

成的。发展到南朝宋,募兵成为主要的集兵方式。

府兵制:这是始创于西魏的一种特殊兵役制度。西魏大统八年(542年),宇文泰把魏晋以来汉族政权长期实行的军民分籍制度同北魏早期实行的八部大人制度结合起来,正式建立了府兵制。府兵另立军籍,不属地方管辖,不承担赋税徭役,但需自备刀弓,接受训练,参加作战,有很强的战斗力。

（四）隋唐五代军事制度

隋唐五代时期,府兵制逐渐为募兵制所代替,军事制度变化较大。

1.隋朝军事制度

隋朝对北周的府兵制加以改革,使其更趋完善。隋朝府兵改革主要体现在以下两个方面:一是削减军府将军的兵权,府兵直属中央统率和指挥,有力地加强了中央集权;二是将职业兵制改为兵农合一、寓兵于农的制度。从此以后,魏晋以来形成的世兵制开始为普遍征发所取代。

2.唐朝军事制度

唐朝在武则天以前是府兵制,玄宗开元以后,府兵制逐渐为募兵制所取代。

唐朝建立之初,即着手恢复府兵制,府兵的调遣、征发,由皇帝下敕书,通过兵部执行。如有战事,朝廷临时点将,率府兵出征。战事完毕,兵散于府,将归于朝,使兵不识将,将不识兵,从而有效地防止了将帅拥兵自重。府兵既能分得土地,又不服徭役,不纳租调,负担相对较轻。同时,府兵自备弓矢装备,也减轻了国家的负担。

唐玄宗像

开元、天宝年间,募兵制全面取代了府兵制,直到唐朝灭亡,唐朝的一切兵员都来自招募。唐玄宗开元十年(722年),宰相张说建议招募将士,以补宿卫兵之不足,为玄宗所采纳。次年,选募府兵和白丁12万,分隶诸卫,称为长从宿卫。此后,还招募有团练兵、长征健儿。节度使是设于内地和边疆地区的军事长官,负责统率地方军,始称都督。高宗时都督可以带使持节,遂称为节度使。实行募兵制以后,节度使权势大增,形成拥兵自重的严重局面。

3. 五代军事制度

五代时期,唐代后期形成的藩镇割据局面继续存在,军事制度十分混乱。在军事统御机构方面,枢密院逐渐成为全国最高军事机构,其长官称枢密使。兵役制度主要是征兵和募兵。

（五）宋辽夏金元军事制度

宋辽夏金元时期,战争频繁,北方少数民族相继入主中原,军事制度颇有特色。

1. 两宋军事制度

宋朝建立了以枢密院执掌军政,以三衙分统马步军的高度集权的军事领导体制,从制度上确保了皇帝对军队的绝对领导。枢密院是宋代最高军事管理机关,负责制定军事战略,调遣军队,但不直接掌握军队。三衙是分掌皇帝三支亲军(禁军)的最高指挥机构,负责全国军队的统制训练、番卫戍守、迁补赏罚。三衙互不统属,分别对皇帝负责,其长官分别称为殿帅、马帅和步帅,合称三帅。

宋代禁军出师时,由皇帝临时任命其他官员为率臣(帅臣)领兵出征。战争结束,兵归三衙,统兵将帅各还本职。宋代这种将兵权一分为三的做法,有效地消除了唐朝中后期以来藩镇割据之祸,保证了社会的稳定。然而,由于兵权分散,相互掣肘,加上过于集权,主帅在战场上只能按皇帝事先钦定的阵图指挥作战,因而大大削弱了作战的灵活性和军队的战斗力,成为屡战屡败的一个重要原因。

宋代军队的种类有禁兵、厢兵、乡兵和番兵。禁兵或禁军,是正规军。厢兵是正规军中的地方兵。乡兵也称民兵,是非正规地方武装。番兵是由少数民族组成的非正规边防地方军。南宋以后,番兵不再存在,禁军被新形成的屯驻大军所取代。宋代实行募兵制,尤其重视在荒年大批招募灾民入伍,以防饥民造反,但也因此形成了冗兵冗费的局面。

北宋庆历三年,我国历史上首开军事学校,标志着养兵制向科学化迈进。

2. 辽夏金军事制度

辽朝在皇帝之下,设南北枢密院执掌军事。其中,北枢密院统领契丹兵马,南枢密院统领汉人兵马。辽朝全民皆兵,平时畜牧游猎,战时征集迅速。

西夏军队种类有中央侍卫军、地方军和擒生军三种。擒生军是由各部落首领挑选精骑组成,共 10 万人,是西夏的精锐部队。西夏凡 15 岁至 60 岁的成年男子皆为战士,平时不脱离生产,战时则随各部落首领参战。

金朝初年,勃极烈会议是最高军事中枢,军事编制是猛安谋克。猛安即千户长,谋克即百户长。金太宗时期,模仿辽制,设元帅府,置都元帅统率全国军事。海陵王时期,又废元帅府,设枢密院以为军队的统帅机关,而兵部则是军政事务的管理机构。

3. 元朝军事制度

元朝在中央设枢密院,在地方设行枢密院执掌军事行政。行省制度确立后,撤销行枢密院,在行省下设万户府、元帅府等军事机构,但军队调动必须有枢密院传旨。军队分中央宿卫禁军和地方镇戍军两部分。

元朝设有军器监,专门管理各种兵器的生产、贮存和发放。为解决粮食供应问题,还采取了军屯制。元朝还建立了以大都为中心,遍布全国的驿站,站户单立户籍,与民户分治,世代相传,父子相继。各站备有交通工具和粮食、肉食,以供往来信使使用。还有急递铺,专门传递紧急文书。

(六)明清军事制度

明清时期,中国古代的军事制度进一步发展。

1. 明朝军事制度

明初,中央设大都督府,置大都督一人节制中外诸军事。洪武十三年(1380 年),将大都督府分解为前、后、左、右、中五军都督府,分别设左、右都督各一人。五军都督府分领在京各卫所和在外各都指挥使司卫所,互不相属,分别与兵部联系。"兵部有出兵之权,而无统兵之权;五军有统兵之权,而无出兵之令。"(《春明梦余录·兵部》)两个机构相互牵制,以便于皇帝控制。明朝在地方所设军事机构分为都指挥使司、卫、所三级。都指挥使司是地方省级军事领导机构,长官为都指挥使,负责战备、训练、屯田、补给等事务的管理,隶属五军都督府。各省都指挥使司下设卫、所。卫设指挥使 1 人,统兵 5600 人,下辖 5 所。所即千户所,设千户为长官,统兵 1120 人,其下设百户所 10 个,各设百户为长官,统兵 112 人。卫、所一般分布在军事要冲。明朝兵役制度,前期以世兵制为主,后期以募兵制为主。

"天下第一关"——山海关

2. 清朝军事制度

清初,中央最高军事领导机构是议政王大臣会议,雍正以后是军机处。议政王大臣会议由满族贵族组成,负责筹划军国大事,奏请皇帝裁决。雍正七年(1729年)因用兵西北设立军机房,后改称军机处。中央仍设兵部,但仅仅负责绿营兵籍和绿营武官升转之事,不是统御机构。

清朝在入关之前实行八旗兵制。八旗兵制是努尔哈赤在统一女真各部的过程中创建的一种兵民结合、军政结合、耕战结合的军事制度。八旗以不同颜色的军旗相识别,它们是:正黄旗、镶黄旗、正白旗、镶白旗、正蓝旗、镶蓝旗、正红旗、镶红旗。此后,又分别建立了汉军八旗和蒙古八旗。至清朝入关时,有满、汉、蒙古旗兵共24旗。八旗兵以骑兵为主,有很强的战斗力。但是在全国统一后,由于士兵久不习战,养尊处优,战斗力急剧下降,于是又招募汉人组成绿营兵。绿营兵以绿旗为标志,其编制为镇、协、营、汛。提督是一省绿营的最高长官。镇的长官称总兵,接受提督和总督的双重节制。协的长官称副将。营的长官称参将、游击、都司或守备。汛的长官称千总。总督、巡抚、提督、总兵除下属各单位外,还有亲领的直属部队,称为"标",分别称作"督标""抚标""提标""镇标"。总督、巡抚是一个军区或一省的最高军政长官,有节制绿营兵的大权。为镇压太平天国,曾国藩、李鸿章分别建立了新式地主武装——湘军、淮军。十九世纪末,清政府还仿效西法,编练新式陆军,近代史上著名天津小站练兵即始于此时。

为保卫边境安全,清朝在北部边境建有卡伦制度。卡伦是满语音译,即边防哨所。在两卡伦之间,设一鄂博(蒙古语,即无特殊标志的地带,以人工垒成的石堆为标志),以为两卡伦官兵会哨之地。在海上,清初设有南、北二洋水师。十九世纪七十年代起,洋务派开始筹办北洋、南洋海军。八十年代,李鸿章建立了北洋海军。不幸的是,在威海卫战役中,李鸿章的北洋舰队全军覆没。

清朝八旗图标

二、法律制度

作为世界著名的文明古国之一，我国早在公元前 21 世纪，就已经形成了第一部国家法典。特点鲜明，独树一帜的中华法系，是世界五大法系之一，有着广泛的影响。

（一）夏商西周法律制度

夏商西周是我国古代奴隶制法律制度的形成和发展时期。

1. 夏商法律制度

我国历史上第一个国家政权夏朝已经建立起相应的法律制度。《左传·昭公六年》记载:"夏有乱政,而作禹刑。""禹刑"是夏朝法律的总称。在刑法出现的同时,镇压人民的实体附属物——监狱,也相应产生了。"夏台"即夏桀时一座有名的监狱。

商朝法律制度在夏朝的基础上进一步发展。《左传·昭公六年》:"商有乱政,而作汤刑。"商朝起码有刑律三百条,刑罚严酷,有割鼻、刖刑(断足)、黥刑(在面额刺字)、桎梏(戴手铐脚镣)、徒刑、流刑、死刑等。死刑则有砍头、剖心、剖腹、火烧、炮烙、醢脯(剁成肉酱,晒成肉干)、活埋等。

2. 西周法律制度

西周法律制度比夏商严密,并且深深渗透了宗法制和礼制的内容。在法律思想上,提倡"以德配天""敬天保民""德主刑辅""明德慎罚""尊祖敬宗""礼不下庶人,刑不上大夫"。主要法律有周文王时颁布的单行法规"有亡荒阅"、周成王时制定的"九刑"、周穆王时颁布的《吕刑》,还有行政法典"六典"。在中央设司寇掌司法审判,下有"掌囚",负责看押罪犯;"掌戮",负责死刑的执行。诸侯、卿大夫在其封地内也拥有审判权。

（二）春秋战国法律制度

春秋战国时期的法律制度具有承上启下的特点。

1. 春秋法律制度

中国古代"法治"思想的萌芽,最早可以追溯到春秋战国时期。如商鞅主张"明主任法"(《商君书·修权》),慎到主张"事断于法"。韩非认为施行法治,好比一个拙匠守着尺寸做工一样,是万无一失的。郑简公三十年(公元前 536 年),郑国执政子产"铸刑书",将刑法铸在鼎上,公诸于众,"以为国之常法"(《左传·昭公六年》杜预注),从而开中国历史上公布成文法之先河。

2. 战国法律制度

战国时期,各国建立起新的代表地主阶级利益的成文法典。如韩国有《刑符》,楚国有《宪令》,魏国有《魏宪》等,而尤以魏国李悝的《法经》最有代表性。《法经》共有六篇,是我国第一部有系统的地主阶级的成文法典,对后来的商鞅变法以及《秦律》《汉律》都产生了极大的影响。

(三)秦汉法律制度

秦汉是封建法律制度的奠基期。秦商鞅变法,改法为律,称为"秦律"。汉有《九章律》《朝律》《傍章律》等,已经建立起较为完备的封建法律体系。汉武帝以后,儒家纲常名教成为汉律的主要内容,开始了儒家经典法典化的发展过程。

商鞅变法留下的秦国量器——方升

1. 秦朝法律制度

秦始皇统一中国以后,按照"法令出一"的原则对秦国原有法律进行修订和补充,形成《秦律》,颁行全国。《秦律》早已失传,但从 1975 年湖北云梦出土的睡虎地秦简可以看到,《秦律》已经包括刑法、诉讼和勘验、行政以及农业、手工业、商业等方面的法规。

2. 汉朝法律制度

公元前 206 年,刘邦初入咸阳就与民"约法三章"。此为汉朝立法之始。高祖五年(公元前 202 年),丞相萧何在《法经》的基础上,制定了《九章律》。《九章律》是汉律的核心和主干,终两汉之世,主要内容未变。汉惠帝时,叔孙通就《九章律》"所不及者,广之衍之",制定"傍章律"十八篇。汉武帝时,张汤制定有关宫廷警卫的法律"越宫律"二十七篇,赵禹制定有关朝贺的法律"朝律"六篇。以上合计六十篇,统称《汉律》。

汉武帝时,"罢黜百家,独尊儒术",断狱除依照法律法令而外,还直接引用儒家经典"五经"之一的《春秋》判案,历史上称之为"春秋断狱"。从此,逐渐形成了一系列符合儒家思想的具体法律观点、法律原则,并影响着稍后的封建立法。

东汉法律制度大体沿用西汉,"律章无大修改"(《魏书·刑罚志》)。

(四)魏晋南北朝法律制度

魏晋南北朝时期产生了四部有代表性的法典——《魏律》《泰始律》《北魏律》《北齐律》。

1. 曹魏法律制度

三国时期,最有影响的是曹魏的《魏律》。《魏律》篇目由九篇增加至十八篇,改具律为刑名,列于篇首。此外,"八议"正式入律。"八议"即议亲、议故、议贤、议能、议功、议贵、议勤、议宾。官僚贵族中的这八种人在犯法时,可以减免刑罚。《魏律》对违犯封建伦理的犯罪行为严厉惩罚。如杀继母等同于杀亲娘,处死刑;殴打兄姐者处徒刑五年,等等。总之,《魏律》是儒家思想全面入律的开始,此后经两晋南北朝,封建法律儒家化已大体完成,从而为唐律"一准于礼"奠定了基础。

2. 两晋法律制度

晋武帝登基伊始,即本着简约原则,命贾充等名儒改革旧律,于泰始三年(267年)形成晋律二十篇,即《泰始律》。《泰始律》峻"礼教之防",准"五服以制罪",故历史上有"礼律"之称。

3. 南北朝法律制度

南北朝时期,代表性法典有《北魏律》《北齐律》。北朝时期,在法律形式上出现的"格""式"引人注目。东魏孝静帝制定"麟趾格",以格代科。西魏制定"大统式",以"式"作为法律形式。至此,我国古代法律制度已总汇为律、令、格、式四种形式。

(五)隋唐法律制度

隋唐是中国封建法律制度的成熟阶段,尤其是荟萃历代法典精华的唐律,被誉为封建法典之楷模。

1. 隋朝法律制度

隋开皇三年(583年)制定的《开皇律》,在内容、体例上均有创新。(1)确定了"五刑"——死刑、流刑、徒刑、杖刑、笞刑。五刑之下又各有细分,如死刑分绞、斩。前代的鞭刑、枭首、宫刑及辕裂之法等,一律蠲除。(2)创"十恶"大罪——谋反、谋大逆、谋叛、恶逆、不道、大不敬、不孝、不睦、不义、内乱。犯"十恶"大罪者

《唐律疏议》书影

不赦。(3)发展了法律特权——议、请、减、赎、官当。议即"八议"。请,凡在八议之科则请之。减,七品以上官犯罪,例皆减一等。赎,即九品以上官犯法,以铜赎罪。官当,即以官品抵罪,南陈正式入律。上述法律特权一直沿用至1910年。(4)规定"讯囚"之制。为防止严刑逼供,《开皇律》规定"拷满不承,取保放之"。(5)继承了"科条简要"的传统。《开皇律》凡十二篇五百条,可谓"法网恢恢,疏而不漏",故唐朝立法,均"以开皇为准"。

2. 唐朝法律制度

唐太宗、高宗年间形成的《唐律疏议》,是我国古代完整保存至今的第一部封建法典,也是我国封建社会最具代表意义的一部法典,凡十二篇、五百零二条。《唐律疏议》拥有以下特点:一是将镇压人民反抗的"十恶"罪与维持法律特权的"八议""官当"等并列,突出体现了维护封建统治的本质;二是十二篇中包含民法和诉讼法等方面的内容,体现了以刑为主,诸法合体的特质;三是科条简要,疏而不漏,体现了规范详备与简约可行的统一性;四是量刑幅度有所减轻,律疏具有同等效力,体现了一定的人性化;五是"一准乎礼,而得古今之平",体现了礼法并用的立法精神。正因为如此,《唐律疏议》成了中国古代立法史上具有代表性的杰作,长期为人所推崇。

唐玄宗开元年间又制定了我国古代较早的一部独立的行政法典《唐六典》。自此以后,中国古代法律制度正式形成二大系统,即刑法系统和行政法典。《唐六典》不仅在唐朝已经具有充分的法律效力,而且对此后封建王朝的机构设置和行政管理,也产生了深远的影响。

唐朝法律形式有律、令、格、式四种。律是处理刑事犯罪的法律条文,令是国家政治法律制度的法规,格是国家机关的行政法规,式是国家机关公文程式和活动细则。此外辅以典(典章)、敕(诏敕)、例(办案成例,可比附为判决的依据)。

新疆吐鲁番出土的《唐律》残片

唐朝中央司法机关有大理寺、刑部、御史台。大理寺负责审理中央百官犯罪和京师徒刑以上案件，审后交刑部复核，再报中书门下及皇帝审批；刑部负责复检大理寺审定的流刑以下的罪案及州县判处的徒刑以上的罪案；御史台负责监督大理寺和刑部的司法审判。遇有大案，由三个部门长官共同审理，称为"三司推事"。

（六）宋元明清法律制度

宋元明清是中国古代法律制度的发展时期。在此期间，专制主义集权空前强化，刑罚日酷，肉刑复活，文字狱大兴，皇帝针对具体的人和事发出的诏、令成了断狱依据，会审制度的发展和完备化也体现了皇权对司法控制的加强。

1. 宋辽金元法律制度

宋朝的正式刑律是《宋刑统》，始修于宋太祖建隆三年（962年），次年颁行，凡十二篇、五百零二条。这是我国历史上第一次刊印的封建法典。宋朝还经常"编敕",即将单行的诏敕加以分类,颁布实施。宋朝中央司法机关是刑部和大理寺,御史台只对地方司法进行监督,地方司法机关是州县衙门。

辽于重熙五年(1036年)制定并实施第一部法典——《重熙新定条例》。

金熙宗时,制定并颁行了第一部成文法典——《皇统新制》。其后又相继推出《大定重修制条》《明昌律义》《泰和律义》。

元在世祖后编成《至元新格》,这是元朝统一后颁布的第一部法典。英宗时又编纂《元典章》六十卷、《大元通制》二十篇。

2. 明朝法律制度

明洪武三十年(1397年)正式颁布了《大明律》。此外,朱元璋还辑录了用重刑惩治吏民的案例、训导等,亲自编定《大诰》《大诰续编》《大诰三编》《大诰武臣》凡四编二百三十六条。《大诰》收集有关凌迟、枭首、族诛案数千,弃市以下案一万多件,要求家传人诵,并一度列入科举考试内容。值得注意的是,《大诰》打击的重点,明显指向贪官污吏和作恶豪强。明孝宗时,模仿《唐六典》体例,编纂了记述明朝典章制度的《大明会典》。后来武宗、世宗和神宗三朝重新校勘续修。《大明会典》以行政法为主要内容,对以六部为主的国家机关的设置、各项有关的制度以及活动准则,都有具体的规定。

3. 清朝法律制度

清乾隆五年(1740年)颁布实施的《大清律例》(简称《大清律》)是我国历史上集历代刑法大成的最后一部封建法典。清朝还制定了适应各少数民族特点的单行法规,如《回律》《番律》《蒙古律》《苗律》等等。而《大清会典》是清朝行政法规的大全,体现了中国古代立法的最高成绩。

第八章 教育图书

随着脑力劳动与体力劳动的分离、文字的出现,教育开始由原始社会口耳相传的自发活动发展成人们的自觉活动,并趋于制度化。图书作为知识的载体,是文化传播的工具。中国古代不仅有丰富的文化典籍,而且有严格的图书管理制度。

一、教育制度

中国古代教育主要有学校教育和书院教育。学校教育又有官学与私学之别。

(一)学校教育

我国最早的学校相传始建于夏代,经过长期的发展,逐渐形成为一套规范化的制度。

1. 先秦学校教育

先秦时期的学校有过不同的称谓。《孟子·滕文公上》:"夏曰校,殷曰序,周曰庠,学则三代共之,皆所以明人伦也。"西周以前,学校皆为官学;西周之后,学校始分官学、私学两大类。

西周官学有国学和乡学之别。国学是专为上层贵族子弟而设,并按学生年龄和课程难易程度分为小学与大学两级。为形成尊师重教的浓厚风气,西周大学已有释菜礼和视学礼。释菜礼是学生入学所行的一种典礼,即用苹、蘩等菜蔬祭奠先师,敬献老师,以此表示将从师学艺。视学礼是周天子亲自视察学校的典礼。一年之中,必须视察四次。在视察过程中,需击鼓聚众行释奠、养老诸礼。所谓释奠,即陈设酒食用以祭奠先师先圣(周代为周公,汉代以后又加入孔子)。上述释菜礼、视学礼、释奠礼一直为封建社会所沿袭。

除在王城建立国学外,西周在地方还设有各种等级不同的学校,"乡有庠,州有序,党有校,闾有塾"(《周礼·地官》),统称乡学。

西周学校教育以"六艺"为主。"六艺"指礼、乐、射、御、书、数六种科目。小学以书、数为主,大学以礼、乐、射、御为主,有定期的考试制度。

西周以前,"礼不下庶人","学在官府"。但至春秋战国时期,学术"散于天下"而成私有的"百家之学","学在官府"一变而为"学在四夷"。私学出现了。春秋时期,孔子创办的私学最为有名,有弟子三千,贤人七十。

孔子讲学图

2. 秦汉学校教育

秦朝焚《诗》《书》,坑儒生,禁私学,以吏为师,斯文扫地,几无学制可言。

汉代以后,官学有中央的太学、鸿都门学、四姓小侯学和地方的郡国学,私学则有书馆、精舍,学校制度已经相当完备。

西汉太学始创于汉武帝时。太学设博士,相当于现代大学的教授。博士通常推举一位德高望重、明达渊博者为首领,西汉称为"博士仆射",东汉称为"博士祭酒",负责太学教育诸要务,相当于现代大学校长。太学直隶于太常。太学的学生在西汉称为"博士弟子",简称"弟子",在东汉称为"诸生"或"太学生"。太学使用儒家典籍以为教材,其中《论语》《孝经》是公共必修课,"五经"(《诗》《书》《礼》《易》《春秋》)是专业选修课。为统一经学文本,东汉熹平四年(175年),蔡邕等奉命镌刻石经,在46块石碑上刻有《尚书》《周易》《春秋公羊传》《礼记》《论语》等经的文字,作为太学的规范的经学教材,历史上称为"熹平石经"。鸿都门学是东汉灵帝时在洛阳鸿都门设置的一所专门学习书画辞赋的艺术学校,开后世专科学校之先声。四姓小侯学是东汉明帝时专门为外戚樊、郭、阴、马四氏子弟开设的学校,因他们不是列侯,故称"小侯"。四姓小侯学的开办,反映了贵族子弟在教育上享受特权。郡国学是汉代设立的地方官学,首创于汉景帝时蜀郡太守文翁。郡国学中的教师有"文学"、"文学官"、"郡文学"、"文学博士"、"郡文学掾"、"郡文学掾史"等等称谓。郡国学的学生称"文学弟子"、"学官弟子"或"校官弟子"、"郡学生"。汉代地方官学发展很快,并向县学延伸。郡国学的教育活动主要是传授经学和实施教化。

汉代私学包括私人授徒和蒙学。东汉出现一种叫"精舍"或"精庐"的学舍,成为一种较为固定的讲学场所。从事启蒙教育的私学,时称"书馆"。蒙学学习的主要内容是识字、习字,采用的教材有《仓颉篇》《急就篇》等。

3.魏晋南北朝学校教育

魏晋南北朝时期,官学时兴时废。南朝宋文帝元嘉年间,在京师开设四馆,各聚徒讲学。四馆是:雷次宗主持的儒学馆、何尚之主持的玄学馆、何承天主持的史学馆、谢元主持的文学馆。玄学馆、文学馆的设立,开启了学校教育制度多元化的新时代。宋明帝泰始六年(470年),又下令立总明观,分儒、道、文、史、阴阳五科。总明观集藏书、研究和教学三种功能于一身,从文帝时的四个单科性质的大学(四科)发展为综合性大学。

与官学时兴时废形成鲜明对比的是,这一时期尤其是六朝的私学在特定的社会背景下,却出现了兴盛的局面。第一,私学类型众多,有私学家兴办的乡里之学,有门第教育、家族教育、家庭教育,还有妇女授徒。第二,私学具有一定的规模,涌现出一批有名的私学教育家,其中一些人的教育思想对后世产生了极为深远的影响。著名私学家有孙吴的唐固、虞翻、刘熙,东晋的孙衍、范宣,南朝的沈麟士、伏曼容、崔灵恩、伏挺、何佟之、沈德威、顾欢、吴苞、杜京产、徐孝克、马枢、沈峻、沈道虔等等。第三,私学教育内容突破了传统经学一统天下的局面,广泛涉及经学、佛学、道学、玄学、文学、史学、书法、绘画、音乐、天文、历算、地理、医学、律学、物理学等领域。第四,私学在教学方法上留下了许多值得借鉴的经验。如要求学生熟读教材,背诵如流;倡导勤奋好学,艰苦自学;大兴诘难和辩论之风以及由博转约、专精覃思,等等。

4. 隋唐学校教育

隋朝中央官学有国子学、太学、四门学、书学、算学、律学,其中书学、算学、律学在魏晋南北朝时期的某一朝代,已经就其中一项偶或为之,尚未系统化和正规化。专科学校的设立,是继东汉鸿都门学后对中央官学仅限于经学教育的一种突破。隋朝太医署也招收学生,培养医学人才。隋初在国子寺下设祭酒一人,专门掌管教育行政。隋大业三年(607年),国子寺改称国子监。设立总管学校的专门教育行政部门国子监,这是隋朝教育制度的又一创造性发展。

唐承隋制,仍设国子监,为教育行政最高主管部门。国子监设祭酒一人,为最高教育长官。直属国子监的学校有:国子学、太学、四门学、律学、书学、算学。不隶属于国子监的学校有属门下省的弘文馆、属东宫的崇文馆。以上八所学校是唐朝中央官学的主干,通称"六学二馆"。此外,一些中央机关也设置了相应的教育机构,以培养本机关所需专门人才。唐朝地方官学有府、州、县三级学校,县以下又有乡学、市镇学和里学。其中,府州县学相当于中学,县以下各级学校相当于小学。这些学校由长史直接掌管,并统辖于国子监。此外,各府州还设有医学和崇玄学,分别隶属于太医署和尚书省祠部。

5. 宋元明清学校教育

宋代官学分中央与地方两级。中央官学隶属于国子监管辖的有:(1) 国子学,为最高学府,生源是七品以上京朝官子孙,专门培养官僚贵族和门阀世族子弟;(2) 太学,为中央官学主体,生源是八品以下子弟及庶人之俊异者;(3) 四门学,为士子应科举考试而设立的预备学校;(4) 广文馆,旨在"以待四方游士试京师者",但不久停办;(5) 武学,应试武举合格者方许入学,旨在培养将帅之才;(6) 律学,分断案和律令两个专业,学成可参加新科明法考试;(7) 小学。

中央官学隶属于中央各局管辖的有:(1) 医学,隶太医局,;(2) 算学,隶太史局;(3) 书学,隶翰林院书艺局;(4) 画学,隶翰林院画图局。

中央官学隶属于政府管辖的有资善堂(皇太子就学之所)、宗学、诸王宫学、内小学。

宋代地方官学包括州学、府学、军学、监学、县学。一般学校都有藏书楼。诸路提举学事司是中国古代最早设立的地方教育行政管理机构。

元朝中央官学包括国子学、蒙古国子学、回回国子学。地方官学有路学、府学、州学、县学、诸路小学、社学及诸路医学、诸路蒙古字学、诸路阴阳学。中央最高教育行政机构为集贤院,其次是国子监。

明朝中央官学主要有太学、宗学、武学等。其中最为主要且有制度可考者,只有国子监。国子监的学生通称监生。国子监主要学习"四书""五经"。监生经过一段时间的学习后,分配到政府部门去实习。实习期满进行考核,分上、中、下三等,上等录用授官;中、下等再历事一年重考,上等者照用,中等者不拘品级,随才任用,下等者回监读书。通过"历事",学生接触实际,获得了从政的有益经验。明朝地方官学按行政区划的设立有府学、州学、县学、社学,按性质划分则有儒学、科技和军事几大类。

清朝中央官学有国子监、宗学、旗学、算学、俄罗斯学。国子监既是管理全国学校的最高教育行政机构,也是直接办理大学的教育机关,有"国学""大学"之称。国子监正、副首脑分别是国子祭酒和司直,另设有监丞、博士、助教、学正、学录、典籍、典簿等,分掌教学、管理事宜。国子监教学以"四书""五经"为主,修学年限为三年。考试采用积分法,一年内积满八分为及格,及格者送吏部学习,然后按成绩分别录用。地方官学有府学、州学、县学、社学,传授儒家经典和宋明理学,统称为儒学。府学设教授、州学设学正、县学设教谕各 1 人,负责学校教育。在省级政区设有"提督学政",俗称"学台",统理地方教务。除儒学外,清朝还有商学、卫学、土司学等特殊的地方学校。

清朝由私人设立的学塾较为普遍。学塾主要对 8 至 15 岁的少年儿童实施启蒙教育,学习内容是识字、习字、作对子、作诗、读古文。入学之初,就教蒙童集中识字,一般要求认识 2000 字。教材主要是"四书""五经"和《三字经》《百家姓》《千字文》《千家诗》《神童诗》《幼学琼林》《增广贤文》《声律启蒙》《孝经》等。这类教材文字简约,或三言、四言,或七言,并充分运用诗歌、韵语、格言、故事、掌故、俗谚等体裁,通俗易懂,易记易诵。包括的内容除伦理规范外,还有文字、历史、常识及人生哲理、处世艺术等各方面的知识。由于蒙学读物大多是有韵诗文,所以学塾读书首重朗诵。学塾有很严格的规矩,平时老师不苟言笑,若蒙童犯规,轻则罚站、罚跪,重则"打手心""笞臀"。

清代学塾

（二）书院教育

书院通常由私人创办,供聚徒教学之所,是先秦以来我国私学教育发展到较高阶段的产物。与官学相区别,书院不以应科举为目的,而以探求学问为宗旨,兼有教育机构与学术研究机构的双重性质。宋元明清时期,书院教育在跌宕起伏中发展,并形成了具有鲜明特色的书院制度。

1. 书院的产生与发展

书院产生于唐朝,一类是官方所设政府机构,负责收藏、校勘和整理图书,如玄宗开元六年(718年)在中书省设置的丽正修书院(后改称集贤殿书院)。另一类是私人设立的供隐居或聚徒教学之所,如四川张九宗书院、湖南李秀才书院、江西梧桐书院、福建龙兴精舍等。作为教育机构的书院,主要是私人所创办的书院。

作为教育机构的书院在唐朝出现后,至宋代蓬勃发展,形成了一批影响很大的书院,而尤以石鼓、白鹿洞、嵩阳、岳麓、睢阳、茅山书院最为有名,号称"北宋六大书院"。北宋仁宗庆历四年(1044 年)以后,政府先后三次大兴官学,吸引了不少士人,书院一度中衰。

长沙岳麓书院

南宋时,专事讲学,不以科举为目的的书院吸引了一大批学子,加上一批著名学者的大力提倡,一度沉寂的书院又发达起来了。南宋有四大书院:岳麓书院、白鹿洞书院、象山书院、丽泽书院。前两者是官立书院,后两者是私立书院。南宋乾道、淳熙间,凡巨儒名师自建的学舍,大多不称书院而取名精舍、书堂之类,以与官立的书院相区别。

元朝在承认既有私立书院的同时,又兴建或支持一些著名学者、官吏设置书院,还带头创办了元朝第一所官立书院——太极书院。在如此氛围之下,元朝书院迅速发展,极盛之时全国有书院 408 所。元朝书院进一步呈现出官学化的发展趋势,政府通过拨给学田,掌握了书院的经济命脉,又通过对书院人事的控制,掌握其办学方向。书院的官学化,在一定程度上影响了学术的活跃。

明朝前期,书院备受漠视,
前代所置书院,也多荒废不振。
但在明朝中期以后,随着科举
制度的败坏,一些有志于学术
研究的大师,如王守仁、湛若水
等纷纷创立书院,至嘉靖时达
于鼎盛。但自嘉靖以后,明朝
采取了四次大规模的封闭书院
行动,尤其是宦官魏忠贤对东
林书院的禁毁最为严厉。东林
书院是明朝后期的著名书院,

王守仁像

位于无锡东门,先由顾宪成主持,后又由高攀龙、叶茂才相继主持。他
们邀集同志,广播学理,又关心现实政治,倡导"众议""众为""众治",
尤其重视培养不畏权贵、刚直不阿的凛然正气,一时"远近名贤,同声
相应,天下学者,咸以东林为归",世称"东林学派"。倡导"风声雨声读
书声,声声入耳;家事国事天下事,事事关心"的"东林书院"为当政者
所嫉恨,"东林学派"被斥之为"东林党",遭到禁毁。由于东林书院影
响甚大,"东林"与"书院"又往往并称,魏忠贤遂视所有"书院"皆与"东
林"同党,下令将天下书院一律禁毁。后来,魏忠贤被黜,东林书院也
于崇祯时修复。

清初不许别创书院,但至雍正十一年以后,政府改变了态度。乾
隆朝再度提倡书院,创设书院之风更盛,书院数量远过前代,甚至一些
边远地区也有书院设立。

2. 书院的教学与组织

与官学相比,宋元明清的书院教学注重教与学的互动,特别善于
围绕调动学生的积极性这个中心组织教学。概而言之,书院教学有以

下特点：

（1）以自学为主。朱熹认为，读书做学问主要靠学生自己，教师只是起"指路"作用。在书院里，先生面向生徒讲学，提纲挈领地阐发大旨，着眼于点拨和启发，并不作逐字逐句的解释串讲。这就消除了学生在学习上的依赖心理，有利于激发学生学习的主动性。

（2）采用答疑式教学。书院极为强调学生在读书过程中勇于提出问题，认为从中可以看出学生读书之精细、钻研之深浅、悟性之高低。书院的学生多系仰慕先生道德学问而不远千里，自愿前来求学，学习时也往往能主动地质疑问难。教师在释疑解难时注意开导，促其自悟。

（3）实施研究式教学。书院的主持者大多在学术研究上有很深的造诣。建立在研究基础上的教学，使学生在感受浓郁的学术氛围的同

无锡东林书院旧迹

时，摸到了治学的门径。

（4）倡导开放式教学。书院在坚守一派学术宗旨的前提下，常常开展学派之间的学术交流，举办地区性的学术集会，其形式就是讲会。通过讲会，不同学派反驳诘难，或发挥某一学派的精义，或辨析各派学术的异同。讲会活跃了书院的学术空气，开阔了学生眼界，丰富了知识，为别创新学派开启了思路。

（5）重视品德教育和人格感化。书院极其重视学生的人品教化，并写入学规。《白鹿洞学规》首列"五教"，特别指出"学者学此而已"。书院教育的内容也明显偏重于修身、齐家、待人、接物，强调静坐养性。

二、图书管理

书籍是传播文化的重要工具。中国古代很早就有了丰富的文化典籍及其管理制度。

（一）丰富的文化典籍

我国古代典籍的原始形式是商朝的甲骨文和殷周的铜器铭文。简牍是我国古代真正的最早的书籍，它是经过整治后写有字的竹片木板。把简牍按文字的顺序用绳子编起来，就成了册。简牍之后，盛行帛书。帛书是写在绢帛上的书。一部书写在一张绢帛上，写完卷成一卷，叫一卷书。我们今天说的第一卷、第二卷，上卷、下卷，就是这么来的。纸发明以后，我国古代的书籍迅速增多。宋代毕昇发明活字印刷术后，我国书籍的数量有了突飞猛进的发展。

类书和丛书的编纂值得一提。类书是从现成的书籍中辑录出相同门类的资料分门别类编集的一种书。丛书是把同类的书整部整部编集成一套书。《太平御览》《册府元龟》《文苑英华》《太平广记》是宋人编写的四部著名类书，至今犹存。《永乐大典》是明人编写的一部空

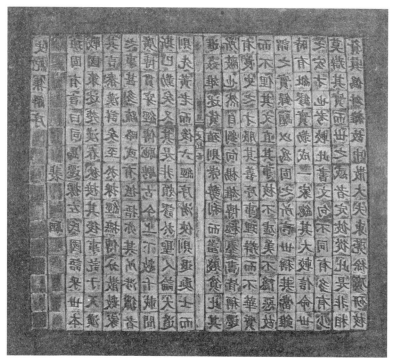

北宋泥活字版

前规模的类书,可惜在近代八国联军侵入北京时被毁。《古今图书集成》是清人编纂的著名类书,约一亿字。丛书首推清朝乾隆年间编纂的《四库全书》。该书编入从古代到清初的著作 3461 种,共 79309 卷,分订成 36000 册。此书原有七套抄本,分别藏于北京故宫文渊阁、沈阳故宫文溯阁、北京圆明园文源阁、河北承德避暑山庄文津阁、江苏扬州大观堂文汇阁、镇江金山寺文宗阁及杭州圣因寺文澜阁。这七套书有几套后来毁于战火,现尚存三套半,两套半在大陆,一套在台湾。存在大陆的两套半是文溯阁本全套(现藏甘肃省图书馆)、文津阁本全套(现藏国家图书馆)和文澜阁本半套(现藏浙江省图书馆)。存于台湾的一套是文渊阁本全套(现存台北故宫博物院)。

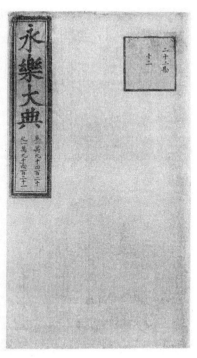

《永乐大典》书影

　　唐宋以后出现的地方志,使我国的典籍变得更加浩瀚。地方志是专门记载一方政区沿革、风土人情、山川物产、文物古迹、名人逸事、灾异战争等内容的百科全书,大到全国一统志、省志、府志,小到镇志、村志。中国古代有盛世修志的传统,一志一修再修,一续再续,积累了丰富的地方史料,成为我国珍贵的文化遗产。

　　我国古代还大量编辑刻印专题书和乡邦文献。专题书集一朝或数朝诗文于一体,或以一种事物或游戏为主题,把有关的内容集在一起。如《全唐诗》《笑林广记》《谜语大全》《棋谱》等。乡邦文献由地方集资,收集本乡先贤作品加以编辑刻印,目的是为一乡争光。此外,字书、韵书和碑帖在中国文化典籍中也占有很重要的地位。

　　总之,我国古代的文化典籍,从刻在石头上的西安碑林到写在纸

《太平御览》书影

上的二十五史,从琐语杂记到正史方志,确有令人皓首而不能穷一经之叹!

(二)详备的制度

商周时期,"学在官府",政府设史官负责收藏、保管文献典籍。

春秋战国时期,王室衰微,"学在四夷",大批文献典籍流散到各诸侯国,私人藏书也出现了。引人注目的是,孔子以个人的力量对鲁国官府所藏文化典籍进行了一次较大规模的整理,删定了"六经",即《诗》《书》《礼》《易》《乐》《春秋》。

秦朝设立御史府,以御史大夫为长官。有两丞,其一为中丞,"在殿中兰台,掌图籍秘书。"(《汉书·百官公卿表》)丞相府也有图书典籍,刘邦攻入关中,"萧何尽收秦丞相府图籍文书。"(《汉书·高祖本纪》)

汉代重视图书收集与管理,国家藏书机构西汉有天禄阁、石渠阁、麒麟阁,东汉有辟雍、东观、兰台、石室、宣明、鸿都、仁寿。西汉以御史中丞掌管图书,东汉则设秘书监主管图书。秘书监是我国最早的图书管理专职机构。西汉著名学者刘向对古代图书进行了一次全面的整理,形成了我国第一部图书提要目录——《别录》。后来,其子刘歆在《别录》的基础上,又写成了我国第一部分类图书目录——《七略》,为

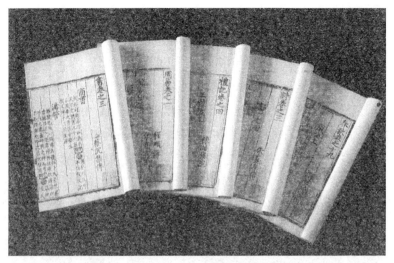

儒家经典《诗》《书》《礼》《易》《春秋》(合称"五经")书影

我国传统目录学的形成奠定了基础。东汉史学家班固对官藏图书进行整理,开创了我国图书目录的新体裁——史志目录。汉代私人藏书最多的是蔡邕,他是我国古代第一位家藏万卷的私人藏书家。

魏晋南北朝时期,中国古代图书的又一种重要的分类法——四分法出现了。晋武帝时,荀勖编制出西晋综合性藏书目录——《中经新簿》,分全国图书为甲、乙、丙、丁四部。甲为经部,主要是儒家经典;乙为子部,主要是六分法中的诸子略、兵书略、术数略、方技略;丙为史部,主要是历史典籍;丁为集部,主要是六分法中的诗赋略。东晋著作郎李充在所编《晋元帝四部书目》中,将子、史的位置予以对调,形成了经、史、子、集的新的四部编目程序。从此,历代官私藏书"以为永制"(《晋书·李充传》),相沿不改。

唐朝藏书机构有秘书省、弘文馆、崇文馆、史馆、集贤殿书院,而由秘书省统一协调。唐代秘书省,一度改称兰台、麟台,是管理国家图书的总机构。长官为秘书监,副长官为秘书少监。以秘书郎分掌甲、乙、丙、丁四部图书,称为"国库"。

宋初藏书机构是三馆一阁。三馆是昭文馆、集贤馆、史馆,总称崇文院。一阁指秘阁。三馆一阁之外,尚有六阁(龙图阁、天章阁、宝文阁、显谟阁、徽猷阁、敷文阁)一楼(太清楼)。宋代私人藏书很多,如北宋著名藏书家宋敏求藏有三万卷,世罕其匹。一些藏书家在精审校勘的前提下,编写了有很高水平的私藏图书目录,著名者如晁公武的《郡斋读书志》、陈振孙的《直斋书录解题》。私家藏书也很注意对珍本秘籍的保护,善本深藏密室,别写一本供外阅。北宋藏书家李公择所藏图书,任人借阅,颇近似于公共图书馆。

宁波天一阁藏书楼

明朝嘉靖以后,线装书成为我国古籍的主要形式。明朝私家刻书之风颇盛,其代表是毛晋的汲古阁,时有"毛氏之书走天下"之说,毛晋因此而成为中国古代最著名的刻书家。明朝中央藏书机构主要是文渊阁。明朝在江浙一带,出现了一大批藏书数万卷的大藏书家,宁波的天一阁、毛晋的汲古阁都是著名的藏书楼。天一阁是我国现存最早的藏书楼,极盛时贮书七万多卷。

　　清朝对古代文化典籍进行整理,编纂的《四库全书总目提要》是我国规模最大的提要目录。为了贮藏《四库全书》,从乾隆四十年(1775年)起,先后在紫禁城中文华殿后建文渊阁,在圆明园建文源阁,在承德避暑山庄建文津阁,在盛京(今辽宁沈阳)建文溯阁,上述四阁建于北方,通称"北四阁"。乾隆四十七年,又在扬州建文汇阁,在镇江建文宗阁,在杭州建文澜阁,通称"南三阁"。上述七阁分藏《四库全书》写本一部。文渊阁书现存台湾,文源、文汇、文宗阁书毁于战火。清朝私人藏书无论在质量上还是在规模上均超过明朝。吴兴陆心源在十多年中聚书近十五万卷,建有三座藏书楼。值得一提的是,清朝图书典籍由深藏密室逐步公诸社会。"南三阁"建成后,乾隆皇帝下诏,允许士人至阁抄阅,但不得私自携带出阁。这是官藏图书首次向社会开放。私人藏书也是开放的,如常熟瞿氏的铁琴铜剑楼,对入楼阅览、校勘、转抄、参观者,均持欢迎态度。

第九章　婚姻礼仪

人类最早的两性结合,完全是一种本能的、自然的结合,无所谓婚姻与夫妻,更谈不上婚姻制度。随着人类社会的发展,男女性关系逐渐有了规范性的约束,并形成一系列相应的婚姻制度。中国是一个文明古国,素有"礼仪之邦"的称誉。礼仪作为人们在社会生活中所遵循的行为规范,已经积淀为中国传统制度文化的重要组成部分。

一、婚姻制度

婚姻是人类社会最基本的组合方式。中国古代婚姻制度广泛涉及婚姻的形式、婚配的范围、人数及婚龄、禁忌、程序、效力、消亡等方方面面,但婚姻的缔结和婚姻的消亡则是其核心内容。

(一) 婚姻的缔结

《礼记·婚义》说:"婚姻者,合二姓之好,上以事宗庙,下以继后世。""合二姓之好"有一定的形式,即婚姻的缔结有一定的嫁娶方法。

1. 先秦时期婚姻的缔结

在远古时代,中国也有过原始群婚制度。发展至夏朝,原始群婚制逐渐过渡为一夫一妻制。西周时期则从礼法上明确规定一夫一妻制为婚姻正型,当然在实际生活中,奴隶主贵族都过着一夫多妻制的生活。当时,凡男子年过二十、女子年过十五,即可于秋冬农闲之时完成婚嫁。其婚姻形式主要有以下几种:

(1) 聘娶婚

所谓聘娶婚,即通过"父母之命,媒妁之言",男子以聘的程序而娶,女子因聘的程序而嫁。这里的"程序"即有名的"六礼":纳采、问

大器迎亲图(清人绘《聊斋志异》插图)

名、纳吉、纳征、请期、亲迎。六礼是周朝规定的成婚程序。

纳采：男方请媒人向女方表达求婚之意，并以大雁相送。大雁总是飞向暖和的地方，而且忠贞不渝，故以大雁相送，象征婚姻和顺，天长地久。大雁难捕，常以鸡、鸭、鹅代之。

问名：在纳采之后，男方再通过媒人向女方家长询问待嫁女子的生母(了解是嫡出还是庶出)、名字、排行及生辰八字。问名也要送雁。

纳吉:男家在祖庙将女家情况告知祖先,并通过占卜得知祖先意见。若得凶兆,则婚姻程序到此中断;若得吉兆,男方便请媒人通知女家,决定缔结婚姻,这称为纳吉。纳吉也要送雁。

纳征:男家正式向女家送聘礼。周朝规定:男家在纳征时,必须送女家二十丈帛、两张毛皮。纳征之后,夫妻名义即已成立,若解除婚约,则女子为再婚,男子为另娶。

请期:男家择定婚期,备礼告知女家,征求女家同意。所备礼物,仍然是大雁。成婚日期一般通过占卜选择吉日良辰。

亲迎:新郎承父命亲自至女家迎接新娘。新娘至男家后,新郎与新娘要行"共牢合卺"之礼。所谓共牢,即在新房中,新郎与新娘面对面地坐着共食一牲;所谓合卺,即将一只葫芦分为两瓢,新郎、新娘各取一瓢饮酒。后世这一仪式演变为夫妻共喝"交杯酒"或"合髻"(将新郎、新娘头发束结在一起,"结发夫妻"即渊源于此)。

以上"六礼"到了"共牢合卺",对新娘而言,还只是完成了成妻之礼。要成为丈夫宗族成员,还须完成成妇之礼。成妇之礼包括两个重要环节:一是拜见翁姑,即在婚礼的次日清晨,新娘早早地起床沐浴更衣,拜见公婆;二是庙见,即在成妻之礼三个月后,新娘到新郎宗族的宗庙中拜见祖先的牌位。按照宗法观念,新妇只有在庙见之后才算是丈夫宗族的正式一员,否则,死了都不能进宗庙。

聘娶婚是中国古代最主要的婚姻形式,其"六礼"后世虽有变化,但其买卖婚姻的本质未变。

(2)掠夺婚

所谓掠夺婚,是指男子不经女子及其父母的同意,采用掠夺的方法强娶女子为妻。掠夺婚在中国古代曾长期存在。在甲骨文中,"娶"字意为手举大斧,对着一个屈膝女子。这透露出了古代用战争和武力强娶女子的事实。《说文》说:"礼,娶妇以昏时,故曰婚。"

（3）买卖婚

所谓买卖婚，是指男方以金钱购买女子为妻。在买卖婚中，女子只是可以用来交换的特殊商品。我国古籍中有"伏羲制嫁娶，以俪皮为礼"之说。刘师培在《中国历史教科书》中说："俪皮之礼，即买卖妇女之俗也。"

（4）交换婚

所谓交换婚，是指缔婚之家互以其女儿交换婚配。这种婚姻方式在西周和春秋时期司空见惯。如西周王族的姬姓与周初功臣吕尚的后裔姜姓世为婚姻；春秋时期齐、鲁两国也互为婚姻；秦、晋两国世代为婚，成语"秦晋之好"即由此而来。在民间，普通百姓因彼此都交不起大量聘礼，而采取交换婚互为婚配者，也不少见。

（5）收继婚

所谓收继婚，是指兄（或弟）亡故，而弟（或兄）将其寡妻收为己妻，或父亲亡故，儿子将庶母纳为妻妾的婚姻形式。收继婚在后世被认为大逆不道，然而在先秦却时有所闻。在民间，兄收弟妻，弟继兄妻相习成风，并一直延至近代。

（6）赠婚

所谓赠婚，即父母或其他人将其所支配的女子赠送给别人为妻。历史上孔子曾将自己的女儿赠给公冶长，还将他哥哥的女儿赠给南容为妻。与赠婚相似的还有所谓赐婚，即帝王将搜括来的民女、罪犯妻女及俘虏来的女子赐予子弟或臣下。

2. 秦汉至隋唐时期婚姻的缔结

这一时期的婚姻形式仍然沿袭了先秦的聘娶婚制，但又增加了其他的婚姻形式。

（1）选婚

所谓选婚，即从良家女子中挑选年轻美貌者送入后宫，供皇帝享

姻亲相聚图(清人绘《聊斋志异》插图)

用的婚姻形式。西汉时已有选婚,至东汉成为一种制度,即每年八月派人到全国各地挑选十三岁以上二十岁以下的良家美女纳入后宫。历史上众所周知的孝文窦皇后和王昭君就是民间女子通过选婚方式进入汉朝皇宫的。唐代以后重视皇后身份,对民间选来的美女一般只供玩弄,不当皇后。

(2)罚婚

所谓罚婚,即用强制的手段将罪犯的妻女配给他人的婚姻形式。此制也始于西汉。

（3）同居

所谓同居,指虽未经正式婚娶,却是事实上的夫妻,起于汉朝。汉武帝的姑妈馆陶公主丈夫死后,与侍者董偃过着公开的夫妻生活。汉武帝至馆陶公主家作客,称董偃为"主人翁",完全承认他们的夫妻关系。此外,卓文君夜奔司马相如更是人所共知。

（4）割襟婚

所谓割襟婚,指儿女尚在年幼之时即由父母代订婚约,为防止长大后不相认,遂将衣襟裁为两幅,各执一方以为凭证。汉武帝幼时,姑母长公主刘嫖带着女儿阿娇回娘家。刘彻与年龄相若的阿娇自然成为玩伴。一日,长公主将年幼的汉武帝抱坐在膝上,问道:"儿欲得妇不?"汉武帝答说:"欲得妇。"长公主"指左右长御百余人,皆云不用",最后指着自己的女儿问曰:"阿娇好不?"汉武帝笑道:"好!若得阿娇作妇,当作金屋贮之也。"（见班固《汉武故事》）后来,阿娇真的成了汉武帝的皇后,"金屋藏娇"这一成语也因此流传至今。

（5）指腹婚

所谓指腹婚,顾名思义即指子女还在娘胎之中,就由父母包办定下了婚约。《后汉书·贾复传》记载:光武帝刘秀的大将贾复在征讨贼寇中受了重伤,当时贾复之妻正在怀孕。刘秀劝贾复放心,并且当众宣布说:"闻其妇有孕,生女耶,我子娶之,生男耶,我女嫁之,不令其忧妻子也。"这是指腹婚的发端。此后,指腹为婚相当普遍,后世相沿不衰。南北朝时,指腹婚传向民间。

（6）服役婚

所谓服役婚,指男子在婚前或婚后,必须在妻子的父母家服劳役若干时间,作为娶妻的代价。这种婚姻方式在汉唐某些少数民族地区流行。

（7）续嫁婚

所谓续嫁婚,是指姊亡,妹续嫁于姊夫的婚姻形式。"续亲"不仅存在于平民之家,帝王之家也有,这在中国古代习以为常。

（8）招夫

丈夫死后或生前无力养家,再招一夫共同生活,谓之招夫。至迟在唐朝,招夫现象已经比较普遍。袁采《世范》记载,唐朝人称所招之夫为"接脚夫"。明朝以后,不仅夫死招夫,也有本夫活着而再招一夫者,俗称"拉帮套的"。

（9）冥婚

冥婚即给死人举行的婚礼。迷信思想认为,人死后虽离阳世,但尚生活于冥界,阳世未得结婚,应成全他们到冥界去结婚。行冥婚之礼,或因未婚夫妻先后夭亡,使之在冥界成亲以了夙愿;或因青年男女尚未完婚而一方夭折,给夭折者找一个年龄相当的异性举行婚礼。

（10）置面首

置面首始于南北朝,即公开实行一妻多夫。据《宋书·前废帝纪》,南朝宋前废帝刘子业后宫佳丽如云,他的妹妹山阴公主愤愤不平地对他说:我和你皆先帝所生,你后宫万人,而我只有驸马一人,太不公平了! 刘子业立即给她置面首三十人。南朝齐郁林王萧昭业将其父生前宠姬尽收己有,又给自己的母亲置面首三十人,以尽"孝心"。

（11）男宠

男宠在汉代是一种普遍的社会现象。汉武帝宠幸韩嫣,"嫣常与上卧起",被封为上大夫。汉武帝另一个男宠是精于音律的李延年。汉哀帝男宠董贤,被封为列侯,爱屋及乌,连董贤的家人、亲戚都做了大官。

（12）宦官娶妻

汉朝,一些权势炙手可热的宦官也娶妻纳妾,甚者妻妾成群。如东汉桓帝时宦官头子侯览经常劫掠良家美女,强迫她们成为其妻妾。宦官本是多妻制的牺牲品,是丧失性能力的废人,却又三妻四妾,糟蹋女人,可谓丑恶之极。

(13) 官妓

唐朝娼妓鼎盛,有"宫妓""官妓"之别。"宫妓"是专供皇帝玩乐的女人,而官妓则籍属教坊,由官给衣粮,其中一部分人只供达官贵人玩弄,另一部分则一般庶民也可狎玩。唐朝娼妓善诗文者颇多,文人挟妓冶游之风盛极一时。白居易出守苏州时,曾带妓女泛舟太湖五昼夜,流连忘返。

3. 宋元明清时期婚姻的缔结

宋明理学家鼓吹"从一而终",声称"饿死事极小,失节事极大",不仅反对寡妇再嫁,而且反对男子娶寡,再加上封建政府对守节重奖,不知有多少寡妇夜伴青灯,在泪水中度过寂寞一生。而这一时期,封建婚姻形式也有一些变化。

(1) 过门守节

在"烈女不更二夫"的礼教束缚下,不仅死了丈夫的寡妇不能再嫁,即使是那些死了未婚夫的姑娘也不能嫁人,而要去未婚夫家为未婚夫守节,即所谓"过门守节"。"过门守节"也要举行"结婚"仪式,或由未婚姑娘与未婚夫的灵牌行婚礼,或未婚夫的妹妹代理死者与未婚姑娘行婚礼。强

[唐] 红衣舞女壁画(1957 年陕西西安执失奉节墓出土)

迫处女终身寡居,是极不人道的残忍之制。

(2)典妻

典妻起于宋代,即将妻子当作物体一样议价典给别人,典约期满,以价赎回。《元典章》说:"吴越之风,典妻雇子成俗久矣,前代未尝禁止。"《夷坚志》载:"典质妻子,衣不蔽体,每日求丐得百钱,仅能菜粥度日。"

(3)雇妻

所谓雇妻,即将妻子出租给别人,按期收取租金。

(4)童养媳

童养媳即由男方买回幼女,养在家里,先作为婢仆使唤,长大后给子弟作妻妾。童养媳与奴婢无异,处境极为悲惨。

[清]光绪皇帝婚庆图

（5）纳妾

宋元明清时期，借口为子嗣而纳妾的现象司空见惯，"纳妾生子"被认为理所当然。不过，纳妾在本质上不过是男人玩弄妇女，发泄兽欲而已。"娶妻娶德，娶妾娶色"，流行于清朝的这句俗谚，真实地道出了视妾为玩物的心理。

宋代以后，从制度上禁止姑表、姨表兄弟姊妹间互为婚姻。不过，近亲结婚的积习难改，如宋朝大诗人陆游的前妻唐婉是陆游舅舅之女；《红楼梦》中贾宝玉和林黛玉、薛宝钗系姑表和姨表关系。从遗传学上说，禁止近亲结婚，是婚姻制度中的进步。

（二）婚姻的解除

中国古代男尊女卑，在"男有再娶之义，女无二适之文"的古训下，只有男方才可以解除婚姻，只有丈夫才能离弃妻子，而妻子只能"从一而终"，"嫁鸡随鸡，嫁狗随狗"。妇女在事实上只能作为被弃对象，而无离婚的自由。

（一）婚姻关系中的夫尊妻卑

对夫妻关系，中国古代有匹耦、配偶、妃耦、伉俪、合偶等等提法。这些词都含有匹配、平等之意。《说文》："妻，与己齐也。""举案齐眉""相敬如宾"等成语讲的也是夫妻平等。然而，在男尊女卑的古代社会，"夫为妻纲"被奉为金科玉律，婚姻关系中夫妻平等不过是一种理想主义。

中国古代早就确立了男尊女卑的不平等观念，"三从"理论的提出就是明证。《礼记·郊特牲》说："妇人，从人者也，幼从父兄，嫁从夫，夫死从子。"《仪礼·丧服·子夏传》也说："妇人有三从之义，无专用之道，故未嫁从父，既嫁从夫，夫死从子。"《孔子家语》则说："女子顺男子之教，而长其礼者也，是故无专制之义而有三从之道，幼从父兄，既嫁从夫，夫死从子。""三从"说规定了妇女的人生轨迹：幼年服从父兄，出嫁服从丈夫,夫死服从儿子。这样,妇女从生到死,都处于从属于男子的地位。

东汉人班昭在所写《女诫》中,将夫尊妻卑的思想进一步系统化,提出:"事夫如事天,与孝子事父、忠臣事君同也。"(《女诫·事夫》)作为丈夫的附属物和玩物,为人妻者有理不能争,只能委曲求全。班昭对妇女应遵守的"四德"首次作出解释,"四德"是:妇德、妇言、妇容、妇功。妇德强调女子无才便是德,应当幽娴贞静,守节整齐,动静有法;妇言要求择词而说,不道恶语,反对辩口利辞;妇容要求沐浴以时,身不垢辱,反对妖冶打扮;妇功要求专心纺绩,不好嬉笑,洁齐酒食,以奉宾客,不必功巧过人。

宋代司马光在《温公家范》中又规定了为人媳妇的六条标准,即所谓"六德":柔顺、清洁、不妒、俭约、恭谨、勤劳。

在中国古代法律上,夫妻的地位是不平等的。如明清法律规定,妻子殴打丈夫,不问有伤无伤,均可成为丈夫离弃的理由;而丈夫殴打妻子不到折伤以上的程度,妻子不得提出离婚,折伤以上者,妻子虽然可以提出离婚,但丈夫若不同意,仍不能离婚。

妾的地位比妻子更为低下。妾是花钱买来供玩弄的,玩弄够了还可以出卖或当礼品送给别人。从本质上而言,妾不过是一种独占的娼妇而已。所以,妾称自己的男人为"家长""主人""老爷",而不能直接称为丈夫;称夫主的亲属为"太太""少爷""小姐"。别人则称她为"姨娘""姨太太",她亲生的儿女也可以直呼其名。

(二)婚姻的解除

中国古代婚姻关系的人为解除,主要由男方提出,并以女方的被弃为终结。古代将此称为弃妻、出妻、放妻、逐妻、遣妻、休妻、休弃、黜遣。中国古代婚姻关系的解除主要有以下四种情况。

1. 法定弃妻

中国古代构成弃妻的法定条件是源于礼制规范的"七出",也称"七去"。最早记载"七去"的《大戴礼记·本命》说:"妇有七去:不顺父母,去;无子,去;淫,去;妒,去;有恶疾,去;多言,去;窃盗,去。不顺父母,为其逆德也;无子,为其绝世也;淫,为其乱族也;妒,为其乱家也;有恶疾,为其不可与共粢盛(祭品)也;口多言,为其离亲也;窃盗,为其反义也。"当然,对"七出"也有一定的限制,即虽具备"七出"条件,但有下列特殊情况者不应弃去,称为"三不去":"妇有三不去:有所娶无所归,不去;与更三年丧,不去;前贫后富贵,不去。"

唐朝,"七出""三不去"被纳入法律:"诸弃妻须有七出之状:一无子,二淫泆,三不事舅姑,四口舌,五盗窃,六妒忌,七恶疾。皆夫手书弃之。男及父母、伯、姨、舅并女父母、伯、姨、舅,东邻、西邻及见人皆署。"但在三种特殊情况下,虽犯"七出",却可"不去":"三不去者,谓一经持舅姑之丧(给公婆守丧过三年),二娶时贱后贵,三有所受无所归(被弃后投靠无门)。"(《唐律疏议·户婚》)唐律禁止无弃妻理由者弃妻,但妻子若身有恶疾或与人通奸,即使具备"三不去"的情况,允许断然弃去。

元明清时期,"七出"的内容大致相同,但"三不去"的例外规定有所不同。唐宋规定,有恶疾必去,犯奸必去。但是,元明清的例外规定只有一条,即犯奸者必去,而非本人所愿的"恶疾"不再作为例外规定,这稍稍体现了一定的人性。

事实上,"七出"也好,"三不去"也罢,真正起决定作用的还是公婆。《礼记·内则》说:"子甚宜其妻,父母不悦,出;子不宜其妻,父母曰是善事我,子行夫妇之礼焉,没身不衰。"儿子与媳妇感情好坏,不是离弃的必要条件,父母是否喜欢才是关键。《礼记·内则》详细记载了媳妇侍候公婆的种种规矩,诸如在公婆面前"不敢哕、噫、嚏、咳、欠伸、跛倚、睨视,不敢唾涕"。且不说媳妇有意得罪公婆,即使是无意中偶有冒犯或稍有过失,都可以成为逼迫夫妻离婚的强硬借口。美满婚姻强遭恶婆拆散而遗恨千古者,历代不绝。《孔雀东南飞》中的焦仲卿与刘兰芝,南宋诗人陆游与唐婉,都是这一制度的牺牲品。特别是陆游与唐婉的被迫分手即是在"子甚宜其妻,父母不悦"的情形下发生的。陆游的《钗头凤》就是为纪念唐婉而作,读之令人肝肠寸断。

2. 协议弃妻

所谓协议弃妻,即在不具备"七出"的条件下,男方提出离弃,女方也表示同意,法律允许离异。《唐律疏议·户婚》规定:"若夫妻不相和谐而离者,不坐。"其实,在"夫为妻纲"的古代,妻子是不敢与丈夫分庭抗礼的,所谓"夫妻不相和谐",只能是丈夫的不和谐。正因为如此,协议弃妻的前提必须由男方作出。

3. 法律强制离异

法律强制离异在古代称为"义绝",即夫妻情义已绝,法律强制解除婚姻关系并给予惩罚。"义绝"始见于唐。所谓"义绝",主要指下列五种情况:(1) 丈夫殴打妻子的祖父母,或妻子的父母,杀害妻子的外祖父母,或伯叔父母、兄弟、姑、姊妹;(2) 夫妻一方的祖父母、外祖父母、伯叔父母、兄弟、姑、姊妹自相残杀;(3) 妻子殴打、辱骂丈夫的祖父母、父母,杀伤丈夫的外祖父母、伯叔父母、兄弟、姑、姊妹;(4) 妻子与丈夫的亲属成奸,或丈夫与妻母成奸;(5) 妻子欲害丈夫。

4. 官府断离

所谓官府断离,是指司法衙门在处理其他案件时,涉及到婚姻问题,一并断令离异。它类似于现代的刑事附带民事判决。官府断离主要有三种情况:丈夫逼妻为娼者;将妻子典雇与人者;妻之近亲属被夫强奸或妻被夫父强奸。

以上是关于离婚的条件。此外,中国古代有关离婚的手续、仪式也比较简单。若因"义绝"闹出官司,则由司法机关依法裁断,被告服刑,婚姻关系自然中断;若在族内私断,则由族长召集公议,出具"休书",以为离婚证明。正如王熙凤大闹宁国府所说:"公同请了合族中人,大家觌面说个明白,给我休书,我就走路。"在古代,休书具有法律效力。

二、礼仪制度

在中国古代,"礼"和"仪"是不同的两个概念。"礼"是漫长的历史发展过程中形成的社会政治行为准则、规范和制度,既包括一套以"仁、义、礼、智、信"为中心的价值观念,也包括一系列以礼节仪式为内容的风俗习惯。"仪"是"礼"的外在表现形式,是依据"礼"的规定和内容而形成的一套系统而完整的程序。"礼"是"仪"的内核,"仪"是"礼"的外化,它们广泛渗透于从社会到家庭,从朝廷到民间,从政治生活到日常举止,从衣食住行到待人接物的方方面面。随着礼仪的制度化,中国古代逐渐形成了尊礼、守礼、重礼、行礼的社会风气,中国人也以彬彬有礼、谦逊和睦而著称于世,中华民族更赢得了"礼仪之邦"的美誉。

(一)礼仪制度的形成

礼仪的产生,最早可以追溯到原始社会的鬼神祭祀。那时,人们相信鬼神,害怕鬼神,又想方设法讨好鬼神,于是采取祭祀的方法,将精美的食物供献给它,用烘烤食物后冒出的青烟表示供天,用洒酒或洒牲畜之血于地表示供地,用敲打器物发出的声响来召唤鬼神,以此让鬼神满意,进而祈求消灾免祸,赐福降祉。这种原始的祭祀活动十分隆重,有一定的仪式。《通典·礼一》说:"自伏羲以来,五礼始彰。尧舜之时,五礼咸备。"文献的记载也得到考古的印证。在辽宁红山文化遗址中,有大型祭坛、神庙、积石冢,表明当时有举行大规模祭祀活动的场所。由此可见，至迟在一万年前，我国已经出现了礼仪的萌芽。

夏朝建立后，原始的礼仪演变成夏礼，后来殷商对夏礼进行损益，从而形成殷礼；继殷的周人，对殷礼进行增减，从而形成周礼。在夏商周三代之礼中，周礼晚出，自然更为系统完备，所以春秋时期大思想家孔子对它赞赏不已。他兴奋地说："周监于二代，郁郁乎文哉！吾从周。"（《论语·八佾》）传说中制礼作乐的周公，更是他无比敬佩的典范。孔子常常梦见周公，而以不梦见周公为憾。周礼集此前之大成，开日后之政教，影响深远。其著于典籍者，虽经秦始皇焚书坑儒，仍保存很多，《仪礼》《周礼》《礼记》即是人们常常称道的著名的礼学著作"三礼"。其中，《仪礼》分为冠、婚、丧、祭、射、飨、朝、聘八礼，多为礼俗。《周礼》规定了天官、地官、春官、夏官、秋官、冬官诸官之职掌，或阐述立国之本，或说明治国之方，或直陈孝悌之道，或列举礼俗之则，条分缕析，经纬万端，而又井然有序。《礼记》主要阐述礼仪的作用和意义。这三本"礼"经，对后世治国安邦，规范行为，培养人格，都起到了不可限量的示范作用。

作为古代社会最重要的道德规范，礼，备受社会广泛关注和重视。《礼记·仲尼燕居》说："制度在礼。"这就是说，在古代中国，治理社会的主要工具是礼仪，政治制度归结为礼治。诚如司马迁所言："夫礼禁未然之前，法施已然之后。"（《史记·太史公自序》）事实上，中国古代礼要远远多于法，也高于法，因为法只能强迫人们做什么，不能做什么；而礼教导人们自发地、主动地遵从、维护秩序和规范，这正是道德政治的高明之处。孔子曾直言不讳地说过这么一句大实话："其为人也孝弟而好犯上者，鲜矣。"（《论语·学而》）中国古代把有礼无礼看作是区别人与禽兽、文明与野蛮的标志。人若无礼，虽然能言善辩，与禽兽差不多。总之，古代的礼虽然繁琐，但反映了中华民族好礼的优良传统。以礼修身，则谦逊礼让，文质彬彬；以礼齐家，则尊老爱幼，融洽和美;以礼治国,则和谐有序,国泰民安;以礼交接天下,则睦邻友好,和平共处。"不学礼,无以立",其功能之强,由此可见一斑!

礼在古代中国是一种重要的文化形态,它通过极其繁复的外在形式表现出来,这一形式就是礼仪。礼仪在事实上代替了法律系统和权力运行程序,具有实实在在的政治作用,又渗透在种种日常生活之中,从而将天、地、人三者高度地统一起来。礼仪的精神是上达天道,下顺人情,其内含父慈、子孝、兄良、弟悌、夫义、妇贤、长惠、幼顺、君仁、臣忠等伦理规范,节制人性欲望,使其适应社会秩序达到合理满足。这些伦理规范是天道与人道的结合。

（二）西周"五礼"

礼仪发展到西周时期已经十分完备,《周礼》详细记载西周礼仪制度,并按性质将礼划分为五类,即所谓"五礼"。五礼是:吉礼、凶礼、军礼、宾礼、嘉礼。

1. 吉礼

吉礼是有关祭祀之礼,因祈神赐福,求吉祥如意得名。吉礼分为祀天、祭地和祭宗庙鬼神三大项。在每一大项下又有若干子目:祀天包括祀昊天上帝,祀日月星辰,祀风师(风神)雨师(雨神),祈谷、求雨、保平安;祭地包括祭社(五种土神,即春神勾芒、夏神祝融、中央后土、秋神蓐收、冬神玄冥)稷(谷神),祭五岳(中岳嵩山、东岳泰山、西岳华山、南岳衡山、北岳恒山),望祭山川林泽;祭宗庙鬼神,包括祭祀先代帝王、农、桑、灶、医、禖(送子神)、傩(瘟神)。

在吉礼中,封禅大典尤为隆重。古代祭天为封,祭地为禅,合称"封禅"。祭祀天地表现了古人对大自然的崇拜和敬畏。封禅仪式只能由帝王亲自在泰山进行,封在山顶举行,禅在山脚举行。历史上在泰山封禅的帝王有秦皇、汉武、光武及唐太宗、唐玄宗、宋真宗等。南宋之后,封禅不再单独举行,而是与在郊外举行的祭祀天地的"郊祀"

合并为一。明朝先后在北京建立有天坛、地坛、日坛、月坛,分别祭祀天、地、日、月。

北京天坛

祭祀仪式极其繁琐和神秘。一般在祭祀之前,先"斋戒"三日或七日,斋戒时要沐浴、更衣、独居、静思、戒荤;祭祀时必须以"牺牲"作为供品,"牺"是毛色纯正的牲畜,"牲"是牛、羊、猪等。帝王祭祀供牛、羊、猪,称"太牢",诸侯祭祀不许供牛,只用羊、猪,称"少牢"。祭祀开始,将璧和琮分别放在束帛之上,由祭祀者上供,同时乐师奏乐,以和歌舞。

2. 凶礼

凶礼分为丧礼、荒礼、吊礼、聘礼、恤礼等五大类。

"丧礼"是有关丧葬悲哀的典礼,以寄托生者对死者的顾恋悲痛之情,大致由复、敛、殡、葬、服丧五个阶段组成。在确认人死之后,首先招魂,由生者登上屋顶面向北方呼喊死者,以招其灵魂回复其体,是为

"复"。招魂不成,给死者沐浴,先给死者穿裹衣衾(裹尸的包被),再将尸体放入棺材,是为"敛",又称入殓。入殓之后,生者不愿死者很快离去,而将棺材停放在他生前的居处,像对待宾客一样对待死者,其间生者要为死者"守灵",是为"殡"。殡结束之后,举行"葬礼",将棺材埋入地下,是为"葬",又称入葬、下葬、埋葬。葬礼仪式繁复,送葬者白衣执绋,在挽歌声中走向墓地。送葬之后,死者的妻儿及晚辈还要为死者服丧,服丧时间长短不一,期间停止一切娱乐活动。

"荒礼"是指某一国家或地区发生饥馑、疫病等灾难事件,诸侯和群臣以减膳、彻乐等形式以表同情。"吊礼"是指它国遭受水、旱、火、虫、震等自然灾害或挚友遭受某一灾祸,派使者转达自己的慰问。"聘礼"是对被敌国侵犯的盟国的抚慰,常常由主盟国会合诸国,筹集财货,偿其损失。"恤礼"是在邻国发生内乱或遭遇外侮时给予的援助和支持。聘礼和恤礼局限于国家事务,由诸侯王和宰臣履行。

3. 军礼

有关军事活动的典礼称为军礼。凡动用军队,必祭告于神,称为"师祭"或"祃祭",以祈求神灵保佑出师大捷。师祭的内容比较多,主要是祭旗礼。古代大军出征,前有朱雀旗,后有玄武旗,左有青龙旗,右有白虎旗,四兽之旗以壮军威。与此同时,还有招摇旗及绘有其他鸟兽图案的旗帜,也各有用意。金、鼓也是军礼的重要组成部分。在作战中,击鼓则进,鸣金则退,故人们常用"金鼓齐鸣"形容战场上的紧张气氛。因鸣金有撤退、回避的含义,后世官员外出,常鸣锣以示行人避开,即所谓"鸣锣开道"。"四时畋猎"也是军礼的一种,即春蒐、夏苗、秋狝、冬狩。

4. 宾礼

诸侯朝见天子及各诸侯之间相互交往的礼节称为宾礼,包括朝、聘、会、遇、觐、问、视、誓、同、锡命等一系列的礼仪制度。

［唐］阎立本绘《职贡图卷》(反映盛唐时外国使者向唐王朝朝贡的情景)

"朝"的含义主要有三。一指诸侯定期拜见天子的礼仪,诸侯需携带土特产品,穿规定的服饰,手执礼器(如珪),按一定的位置(公立于东,侯立于西,伯、子、男从侯而立)拜见天子。二指臣下面见国君,即上朝、退朝、入朝等,群臣上朝不带礼物,手中的珪也被笏(用象牙或竹片制成的长条形板子)所代替。上朝也有一定的朝仪,文武百官需按官位、等级高下排列位置,称之为"班""班列""班序"。三指少数民族首领或使臣及海外来使觐见帝王。

"聘"是国与国之间遣使访问的礼节,包括帝王派人至封国、封国派使节入朝、封国间互派使臣及内地政权与邻国之间的使臣来往等。"完璧归赵"的典故即战国时期赵国遣使入聘秦国的一个实例。聘也有相应的礼节仪式。使臣出使他国时,除遵循礼仪规定行事之外,还要携带照、引、牒、符等信物,作为使命、身份的凭证,其中"节"是一种比较特殊的使臣信物,也是一种礼仪器物。使臣出使时持节而行,故有"使节"之名。汉代张骞、苏武持节出使,被匈奴拘留后,仍不失汉节,以表明自己对汉朝的忠贞。因此,后人以"节"喻指人的节操、气节,若有背叛,则谓变节、失节。

"盟"指两国或两国以上为了某种目的,通过立誓缔约以求协调行动。主持盟会者称为"盟主",会盟的典礼称为盟礼,要"杀牲歃血",用血写盟书,会盟者一起饮血,或用手指蘸血涂于嘴上,再在盟主的带领下对神宣誓盟书。

"誓"指诸侯之间以语言为信约,誓礼虽无盟礼隆重,但也要"向天发誓"。

"会"是当某诸侯方国不顺服天子时,国王会合其他诸侯国兴师问罪。

"同"指许多诸侯同去觐见天子。

"锡命",也称赐命,专指帝王赐予臣僚爵位、服饰、车仗等的赏命,其礼仪为锡命礼。接受锡命,一定要答谢回礼。古代帝王给予臣下的一切事物都冠以"赐",如"赐告""赐酒""赐死"等等。

"遇"指不期而遇时的礼节,较为繁琐。

5. 嘉礼

嘉礼是融洽人际关系、沟通联络情感的生活礼仪,内容庞杂,大致分为饮食(各级贵族的饮食之礼)、婚冠(含公冠、士冠之礼及贵族婚礼)、飨燕(包括天子、诸侯、公卿的宴礼)、宾射(射箭比赛之礼)、贺庆(喜庆祝贺之礼)等大项。每一大项之下,又可再分为若干子项,如婚冠之礼下可细化为出生礼(如过六日、庆满月、贺百日、命名、开锁等)、成人礼、婚礼。嘉礼中的养老礼,始于原始公社,夏、商、周一以贯之,反映了中华民族尊老、敬老、爱老的文化传统。养老的对象,一是三老五更(古代乡官),二是为国捐躯的老人,三是告老还乡的官员,四是年事已高的普通老人,五是任教乡里的乡先生。一般一年中要举行七次养老礼。

以"五礼"为主要内容的礼仪制度,自西周正式形成后,历代王朝在沿袭中发展,从而使五礼的范围不断扩大,内容日趋丰富。时至宋代,规定的礼仪,吉礼有 43 种,嘉礼有 27 种,宾礼有 24 种,军礼 6 种,凶礼有 12 种,一共有 112 种礼仪,所涉及的内容十分广泛,其系统性、完备性足令世人瞠目!

（三）日常礼仪

中国古代礼仪大量体现在日常生活之中,人们遵"礼"而行,以"礼"待人,不少内容已经积淀为中华民族的优良传统。

1. 仪表举止

中国古人极重仪表,认为仪表容貌,乃人之符表,万民之法度,"文质彬彬,然后君子"。"文"指一个人的外在仪容,"质"是一个人的内在德行,内外兼具,才称得上是君子。所谓"礼貌",是指对人恭敬有礼的样子。礼貌首先体现为仪表礼貌,如穿衣讲究"洁",戴帽讲究"正","自冠巾衣服鞋袜皆需收拾爱护,常令洁净整齐。"行冠礼后的男子,出门若衣帽不整则被视为无礼。礼貌还体现于礼节,诸如鞠躬礼、拱手礼、揖礼等等。

在举止方面,古人强调动作应安详沉静,柔和从容,但不同的人也应有不同的神态。庄重、严肃、安详、宽容、豁达,是父兄长辈应有的神态;恭谨、矜持、亲近、柔和、谦敬,则是"弟子

清末人士相揖图

之容"。而傲慢、淡漠、惊慌、沮丧、呆滞、凶恶、迷乱和轻薄，则为君子所不应有的丑陋之容。古人还主张与人相处，应合理有度，不轻浮嬉笑，不窥视别人隐私，不在客人面前叱狗，不戏弄他人，等等。

2. 坐立行卧

"坐如钟，立如松，行如风，卧如弓"，是古人对坐立行卧的礼仪要求。

在椅子出现以前，古人在室内地面铺上坐具"筵""席"，客人需脱去鞋子才能入室上席，也就是"入席"。入席后"席地而坐"，即双膝着地，臀部落在脚跟上。"坐"时不得比腿交叠，不得晃腿摇足，更不得"箕踞"，即臀部着地，两腿前伸，身体形似畚箕。在古人看来，"箕踞"是一种轻视对方、傲慢无礼的举动。战国时，刺客荆轲受燕太子丹之托，行刺秦王，图穷匕首见，却未能刺中。在身负重伤的情况下，荆轲靠着柱子大笑，"箕踞以骂"，以此坐相表示对秦王的鄙视。

古人也讲究站相。《礼记·曲礼上》规定："立必正方，不倾（歪斜）听。"《幼仪杂箴》等蒙学读本也训导稚童：站立时要双足并立齐正，挺拔笔直，颈项向上延伸，双臂自然下垂，不东摇西晃，不塌腰耸肩，不探脖歪斜。

古人对走相有相应礼仪规定。《礼记》要求人们走路宜身体挺拔、步伐快捷。在庙中祭祀时，步态要显恭正；在朝廷上要庄重安适，快步而行。君子步态看上去应该从容舒雅，见了尊者要显得恭敬谨慎。《释名》将走相分为四种：两足进曰行，徐行曰步，疾行曰趋，疾趋曰走。不同的场合应该有不同的走相，才符合礼貌的要求。如见老者、长者、尊者应该"趋进"，在室内走动应该如徘徊一般缓慢，在堂上走动也不可过于急迫，在堂下就能大步行走了，在门外就可以快走了，在宫廷的开阔地上就可以跑，而上了路则可奔跑。

关于睡相，古人认为四仰八叉的卧相是不雅的，主张侧卧如弓为好。这一睡姿既雅观,又科学。不过睡相属个人隐私,古人并不十分苛求。

3. 语言称谓

"言为心声,语为人镜"。古人主张说话要真诚、守信、谨慎、得体、适时、有度、友善。语言文明是古代礼仪的重要方面,也是礼貌的重要体现。

言贵诚信。古人往往由一个人的言语是否诚信而判断其为人。"言多必失""祸从口出",古人力主慎言,甚至有"一言兴邦,一言丧邦"之说。说话要得体,宜与自己的身份、谈话对象及所处场合相称。不该说的时候却急于言说,是急躁;该说话时又不说,这是隐瞒;不看别人脸色而一味说道,就如同瞎眼之人了。出言谨慎还内含言语文明,称人之所长而不责人之所短。与人谈话,尽量不说挖苦、挑剔等有可能伤害对方的话,这是一种分寸,也是一种教养。

中国古代的语言文明还突出表现在称谓上的谦称自己,敬称对方。谦称自己,既体现了说话者的修养,也体现了对他人的尊敬。古人常用的谦词有:愚、鄙、卑、敝、小、仆、窃等,如"愚兄""鄙意""卑人""敝人""仆认为""窃见""小生"等,文人自谦常用"晚学""不才""不佞""不肖",官吏自谦则常用"下官""小官""末官""小吏",晚辈谦称常用"在下",老者谦称常用"老朽""老夫""老汉""老拙",有一定身份者则谦称"小可",意思是不足挂齿。皇帝谦称常用"孤家""寡人""不谷"等词。这些谦词都有缺少德行,不高明之意。

古人又以敬称的方式称呼对方。古人常用的敬辞有:陛下(称呼天子)、殿下(称呼皇太子)、阁下(称呼有地位者、尊者)、麾下(部下对主将的敬称)、万岁(称呼皇帝)、千岁(敬称皇帝所封诸王)、驾(尊称帝王,如圣驾、尊驾、晏驾、驾崩)、圣(先用于敬称品格高尚、智慧超群的人,如孔圣人、亚圣孟子,后专指皇帝,如圣旨、圣谕)、足下(常用于同辈)、家(称呼比自己辈分高或年长的家人,如家父、家公、家母、家兄、家嫂)、舍(称呼比自己辈分低或年幼的家人,如舍弟、舍妹、舍侄)、先(称呼辈分高或年长的已故家人,如先祖、先父、先妣)、亡(称呼已故辈分低或年幼者,如亡友、亡弟、亡儿)、令(令有善美之意,称呼对方父母用令尊、令翁、令母、令堂、令慈,称呼对方妻子用令妻、令正,称呼对方儿子用令子、令郎,称呼对方女儿用令爱、令媛,其他如令婿、令兄、令弟、令姊、令姐、令妹等等)、尊(称呼对方叔父母以上,如尊祖、尊父、尊翁、尊夫人、尊堂;称呼与对方有关的事物,如尊姓、尊府)、贤(敬称对方叔父以下,如贤叔、贤兄、贤弟、贤姐、贤妹、贤婿)等。此外,丈人、泰山、岳父,是对妻子父亲的敬称,丈母、泰水、岳母,是对妻子母亲的敬称。

古人还有不少表示恭敬、客气、尊重的敬语,如初次见面称"久仰",久别重逢称"久违",看望他人称"拜访",接待远客称"洗尘",宾客到来称"光临""惠顾",求人办事称"拜托""鼎助",陪同客人称"奉陪",中途退出称"失陪",请人评论称"指教""斧正",求人帮忙称"劳驾""借光",请人谅解称"包涵",询人姓氏称"贵姓",等等。

见面打招呼,互相问候,体现为一种文明。《战国策·赵策》记载有赵威后问候齐王使者的话:"岁亦无恙耶?民亦无恙耶?王亦无恙耶?"问候语表达了对别人的关切与尊重。

4.语言避讳

语言避讳是指在语言交际中避开一些不吉利或禁忌的字眼,以免给别人带来不快或痛苦,其原则不外乎出于礼教、吉凶、功利、荣辱或保密的各种考虑。

在中国古代,必须回避皇帝、帝后及其父祖名字,如秦始皇的父亲名"子楚",遂改"楚"为"荆";秦始皇的名字中有"正"字,于是"正月"被改为"端月";司马迁父亲名"谈",故《史记》中凡"谈"字都改为"同"字。

二十四节气中的"惊蛰"本为"启蛰",因为回避汉景帝刘启的名讳而改。更有甚者,清朝人刘温叟,因其名"岳",竟然终身不听"乐"。时至今日,晚辈称呼长辈时,仍以辈分称谓代替名字称谓,即所谓"子不言父名"。在古代社会,一些权贵还把自己的名讳强令改成法度。历史上有名的州官田登因避"登"字,在颁布元宵节"放灯"三天时,改为"放火"三日,留下了"只许州官放火,不许百姓点灯"的典故。过分的名讳无疑是一种迷信,不足为训,但其中体现的对人名字的敬慎,却体现了对人的尊重。名字作为人的符号代表,随便贬读或用于戏谑,都有失礼貌。

古人相信"说凶即凶,说祸即祸",因而在语言中有凶祸词语的回避,诸如"破""碎"是不吉之字,在言谈中非常忌讳。在航行的舟船上,不可以随便说"帆""陈""饭",因为"帆""饭"同"翻","陈"同"沉"谐音。其他如"死""伤""残""病""离""散"等以及与它们谐音的字,也都要回避,在喜庆之日尤其需要慎忌。若遇这些字词时,则用其他词语替代。如"死"是人们最忌讳的事,是不能乱说的,所以中文中有许多"死"的代词,诸如"驾崩""谢世""去世""寿终""牺牲""千秋""百年""作古""溘逝""卒""没"等等。

在语言中对人的耻、短也要回避。如与盲人说话,要避免说及眼睛;对麻子说话,要少提"麻"字。为避免对残疾人的刺激,人们常用"失明"代替"眼瞎",用"耳背""重听"代替"耳聋"。

5. 热情好客

"有朋自远方来,不亦乐乎!"(《论语·学而》)好客不仅是一种风尚,也是一种礼貌。"来而不往非礼也。"既有来访,必有回访,否则是不礼貌的事。宾客来访,也必须遵循有关礼仪。首先,主人在门外笑脸相迎,施礼,互致问候,然后一起进入堂室。入席之后,安排座次也得依礼而行。若在室内会客,则以面朝东的座位为尊;若在堂中会客,

宋徽宗赵佶所绘《文会图轴》中宴会场景

则以面朝南的座次为尊。来客要被安排于尊位落座,以示敬意。一般而言,室内的座次尊卑顺序是:东向(面朝东)、南向、北向、西向;堂内尊卑顺序是:南向、西向、东向、北向。唐宋以后,人们不再席地而坐,筵席多采用八仙桌,但仍得按尊卑落座。若人多需设两桌以上,则要尽可能安排出1至2桌主桌的座次,其余可以不排座次。如果是两桌主桌,则要注意主宾尊卑的交叉安排,以示对来宾的尊敬。古代皇帝于殿堂之上,坐北朝南,凌驾于群臣之上,君临天下。文官侍立于左,武将侍立于右,即文左武右,文东武西。其所以文左武右,乃是因为以武打天下,以文治天下,政权一旦建立,即自然以"文治"为重,武功为次,所以文臣位于武将之上。

与客人交谈,古人也循"礼"而行。不仅言辞要恰如其分,而且仪表也要庄重得体,更不能有轻浮放荡之举。即使是笑,也要以笑不露齿为准。大笑露齿,久笑牙齿露于外会感到冷,所以有"齿冷"一词。

　　宾主欢聚一堂,经常要设宴款待。席间,宾主相互敬酒,畅叙友情。为活跃气氛,古人用"投壶"以助酒兴。古人在宴会时,还有行酒令的游戏,以助兴取乐。宾主共推一人为酒令官,其他人皆听令行事,或依令做游戏,或赋诗作词,违者或不佳者受罚饮酒。行酒令的礼节自唐朝以后极为流行,而尤以文人为甚。饮宴之时,对"吃相"也有一定的礼规,如不要只顾自己吃饱,不要用汗手取食,不要将已食之物放回饭器,不要暴饮暴食,不要"咂咂"有声,不要翻挑饭菜,不要当众剔牙,不要大口喝汤,不要含食与人说话,不要狼吞虎咽,不要散落饭粒,不要抢先动菜,不要席间宽松腰带,不要将酒壶、茶壶的壶口对准客人,食毕要敛齐筷子,等等。